telc

AF650684

Einfach gut!

Deutsch für die Integration B1.2
Kurs- und Arbeitsbuch

Milena Angioni
Ines Hälbig

telc gGmbH
Bad Homburg

Einfach gut!
Autorinnen Milena Angioni, Ines Hälbig
Mitarbeit Vicky Dreßler, Annette Frisch, Gabriele Hoff-Nabhani, Rotraud Koll, Andrea Neuhaus, Anastasia Proyss, Jacqueline Thommes
Phonetik Franca Malcharowitz, Anni Müller
Begutachtung Christian Gabriel-Junk, Hans Rohrer, Dorothee Thommes
Fotografie Jan Kocovski
Zeichnungen Lisa Frühbeis
Layout basierend auf dem Layout von Martina Weismann
Satz Graph & Glyphe /// Büro für Ausdrucksstärke
Layout der Tests Bernd Rohs
Tonaufnahmen Audimax Kreation in Bild und Ton GmbH
Marilyn Janssen und Gerd Nesgen / .ping Tonstudios (Köln)
ten7.ton.studio

Besonderer Dank gilt dem Bundesarbeitskreis Sprachen des Deutschen Volkshochschul-Verbands e.V. für seine wertvolle Unterstützung. Als ergänzende Online-Komponente empfehlen wir die vom Deutschen Volkshochschul-Verband entwickelte kostenlose Lernplattform www.a2.vhs-lernportal.de.
Darüber hinaus finden Sie weitere Informationen zum Lehrwerk unter:
www.telc.net/lehrmaterialien/

Alle Drucke dieser Auflage sind inhaltlich unverändert und können daher im Kurs nebeneinander verwendet werden.

2. Auflage [3] 2024

www.telc.net
Printed in Germany

telc Order-Nr: V01-4003-BAF-2201A
ISBN: 978-3-946447-85-6

Liebe Leserin, lieber Leser,

Einfach gut! Deutsch für die Integration, das bewährte Lehrwerk für den Deutschunterricht mit Erwachsenen und Jugendlichen ab ca. 16 Jahren, liegt nun in der **Neubearbeitung** vor.

Einfach gut! wurde speziell für den Einsatz in Integrationskursen konzipiert und orientiert sich konsequent am Rahmencurriculum für Integrationskurse des Bundesamtes für Migration und Flüchtlinge sowie am Gemeinsamen europäischen Referenzrahmen für Sprachen.

Als Anbieter für Sprachprüfungen und Sprachenzertifikate wissen wir genau, was Kursleiterinnen und Kursleiter auf den einzelnen Niveaus vermitteln und was Lernende können müssen. **Einfach gut!** macht sowohl Unterrichten als auch Lernen so einfach wie möglich und unterstützt Sie optimal bei der Vorbereitung auf den *Deutsch-Test für Zuwanderer (DTZ)*.

Einfach gut!

- greift alle relevanten Themen zu Alltag und Beruf im Kurs- und Arbeitsbuch in zyklischer Progression auf.
- bietet Zwischentests zur Lernzielkontrolle, ein integriertes Kapitel zum Aussprachetraining, Listen mit relevanten Redemitteln im Anhang und zusätzliche Übungen zum Lernwortschatz.
- bereitet systematisch auf Aufgaben im Prüfungsformat vor und enthält original telc Übungstests zu den Prüfungen *Start Deutsch 1/telc Deutsch A1* und *Start Deutsch 2/telc Deutsch A2* sowie einen Übungstest zum *DTZ*.

Der vorliegende Band ist der sechste und letzte Teilband unseres dreistufigen Lehrwerks. Im Anschluss an den Band B1.1 führt der Band B1.2 zu Niveau B1. Reflektierende Aufgabenformate fördern das selbstständige und nachhaltige Lernen. Die Lektion „Fit für die Prüfung", Tipps zur Prüfung und ein original telc Übungstest bereiten auf den *Deutsch-Test für Zuwanderer* vor, mit dem der Integrationskurs abschließt.

Die **Audiodateien**, die **Lösungen**, die **Hörtexte** und **weitere kostenlose Downloads** finden Sie im Downloadbereich auf unserer Webseite. Die Audiodateien finden Sie außerdem in der App **telc Deutsch-Box**, die Sie in Ihrem App-Store kostenlos herunterladen können.

Zur Reihe **Einfach gut!** gehören viele **Zusatzmaterialien**, unter anderem das neue **Lehrerhandbuch B1** mit vollständig neu entwickelten Materialien in Form von Kopiervorlagen, der **Digitale Unterrichtsbegleiter** mit Extraübungen, Videomaterialien und Verlinkungen zu weiteren Onlineaufgaben und die App **phase6**, um den Wortschatz des Lehrwerks in allen Kompetenzstufen zu üben.

Erfahrene Kursleiterinnen und Kursleiter haben uns bei der Entwicklung aller Produkte rund um **Einfach gut!** beraten. Wir freuen uns, Ihnen mit **Einfach gut!** ein Lehrwerk vorlegen zu können, das passgenau in Integrationskursen und im DaF/DaZ-Unterricht eingesetzt werden kann.

Viel Erfolg und Spaß wünscht Ihnen Ihr

Geschäftsführer telc gGmbH

Die wichtigsten Abkürzungen und Symbole

m. maskulin

f. feminin

n. neutral

Pl. Plural

Sg. Singular

-- keine Veränderung im Plural (z. B. Becher/--)

--- kein Artikel (z. B. ein Tisch/--- Tische)

leichtere Übung

anspruchsvollere Übung

richtig

falsch

1 Hörübung mit Trackangabe

1 Verweis auf eine Übung im Kursbuchteil

TIPP 1

Suchen Sie Wörter mit ähnlicher Bedeutung in einem einsprachigen Wörterbuch.

billig – preiswert – günstig

TIPP 2

Lernen Sie mit Bewegung, beim Gehen, beim Sport, beim Saubermachen.

Sagen Sie, woran Sie denken, sagen Sie, was Sie sehen.

TIPP 3

Betrachten Sie Bilder in einer Zeitschrift. Stellen Sie sich dann W-Fragen und beantworten Sie diese.

Was sehen Sie?
Wen sehen Sie?
Was machen die Leute?
Wie fühlen sie sich?

TIPP 4

Schreiben Sie eigene Texte und Geschichten mit möglichst vielen Wörtern aus dem Lernwortschatz einer Lektion.

TIPP 5

Erzählen Sie anderen, was Sie gelernt haben.

Der sicherste Weg, Gelerntes zu behalten, ist, es aktiv wiederzugeben!

TIPP 6

Lernen Sie mit Musik.
Gefallen Ihnen Lieder auf Deutsch? Suchen Sie Songtexte im Internet, hören Sie die Lieder und singen Sie mit.

TIPP 7

Machen Sie sich eine Tabelle mit drei Spalten. Verb – Nomen – Adjektiv. Notieren Sie dann in jeder Spalte ein Wort aus derselben Wortfamilie. Suchen Sie neue Wörter im Wörterbuch.

Beispiel:	**Verb**	**Nomen**	**Adjektiv**
	leben	das Leben	lebendig
	vergrößern	die Größe	groß
	…	…	…

TIPP 8

Wenn Sie sich auf eine Prüfung vorbereiten, lernen Sie nicht mehr am Abend vorher. Unternehmen Sie etwas Schönes und gehen Sie früh schlafen.

Deutschland – zweite Heimat?

Was war für Sie neu, als Sie nach Deutschland kamen?

Was hat Sie gestört?

Was ist Ihrer Meinung nach typisch deutsch?

Was hat Ihnen gut gefallen?

7 Als ich nach Deutschland kam, konnte ich kein Wort Deutsch.

1 So ist das Leben.

2 **a** Hören Sie Text 1 und ergänzen Sie *wenn* oder *als*.

Jamal

……1…… ich vor 15 Jahren mit meinen Eltern nach Deutschland kam, war alles fremd für mich: das Essen, die Gerüche, die Mentalität der Menschen. Jetzt ist Deutschland meine Heimat. ……2…… die Leute mich fragen, wo ich herkomme, sage ich: „Aus Hamburg". Ich fühle mich wohl in Deutschland, weil ich hier gute berufliche Möglichkeiten habe. ……3…… ich noch ein kleiner Junge war, wollte ich immer Ingenieur werden und Schiffe bauen. Genau das mache ich jetzt. Außerdem habe ich viele Freunde, und ein Teil meiner Familie lebt auch hier. Ich möchte nie wieder weg. ……4…… ich dann auch noch meine Traumfrau finde, ist alles perfekt.

Ich **konnte** kein Wort Deutsch, als ich nach Deutschland kam.
Ich **spreche** Deutsch, wenn ich im Deutschkurs bin.

Sie können die Sätze auch umdrehen:
Als ich nach Deutschland kam, **konnte** ich ...
Wenn ich im Deutschkurs bin, **spreche** ich ...

3 **b** Lesen Sie jetzt Text 2 und ergänzen Sie *wenn* oder *als*. Hören Sie dann den Text zur Kontrolle.

Man hat viele Träume und Hoffnungen, ……1…… man jung ist. ……2…… ich nach Deutschland kam, war ich 24. Ich bin aus meinem Heimatland weggegangen, weil die Menschen dort nicht so leben können, wie sie wollen. ……3…… man in Deutschland ist, hat man viel mehr Freiheiten und kann sagen, was man denkt. Das gefällt mir. Die ersten Jahre durfte ich nicht arbeiten, weil ich keine Arbeitserlaubnis hatte. ……4…… ich sie endlich bekam, war ich überglücklich. Eine feste Arbeit fand ich trotzdem nicht sofort. Heute – zehn Jahre später – kann ich sagen, dass Deutschland meine zweite Heimat geworden ist. Ich habe eine eigene kleine Familie, einen Job und inzwischen sogar einen deutschen Pass. Nur meine Eltern und Geschwister vermisse ich sehr. Sie leben noch in meiner alten Heimat. ……5…… ich die Möglichkeit habe, besuche ich sie natürlich. Sie fehlen mir.

Neyla

Ich vermisse sie.
= Sie fehlen mir.

c Lesen Sie Text 3 und ergänzen Sie *wenn* oder *als*.

Ana

Ich bin aus Bulgarien gekommen, ……1…… ich mich verliebt habe. Mein Mann Christian war beruflich für ein Jahr in Sofia. Schon ……2…… ich ihn das zweite Mal traf, wusste ich: Wir werden heiraten! Die Papiere für die Hochzeit zusammenzustellen, war nicht einfach; wir konnten erst letztes Jahr heiraten. Mein Leben war zuerst nicht einfach, ……3…… ich nach Deutschland kam. Ich konnte kein Wort Deutsch und habe nicht schnell gelernt, aber mein Sohn liebte die deutsche Sprache vom ersten Tag an. Jedes Mal, ……4…… er aus der Schule kommt, kennt er wieder neue Wörter. Für Maksim gibt es viele Möglichkeiten in Deutschland. Für ihn ist das hier ein gutes Leben, aber für mich selbst bin ich noch nicht so sicher. Ich habe Heimweh nach Bulgarien!

d Lesen Sie die Texte noch einmal und beantworten Sie die Fragen.

1 Welche Probleme gab es am Anfang?
2 Welche positiven Erfahrungen gab es?
3 Wie stellen sich die drei Personen ihr Leben in der Zukunft vor?
4 Ist Deutschland ihre (zweite) Heimat geworden?

> sich etwas vorstellen
> = in Gedanken/in der Fantasie etwas sehen

e Was sind die Gemeinsamkeiten zwischen den Geschichten?
Was sind die Unterschiede?

Jamal ist mit seinen Eltern nach Deutschland gekommen, aber Neyla ...

....

Ana findet die deutsche Sprache schwierig.
Dagegen liebt Maksim ...

....

> die Gemeinsamkeit
> ≠ der Unterschied

f Lesen Sie eine Geschichte noch einmal. Schreiben Sie W-Fragen.
Ihre Partnerin/Ihr Partner beantwortet sie.

g Haben Sie eine ähnliche Geschichte wie Jamal, Neyla oder Ana? Oder eine ganz andere?
Schreiben Sie einen Text über sich. Die Fragen aus 1d helfen Ihnen.

2 Freude und Enttäuschung

Wenn man in ein neues Land kommt,
hat man viele Träume und Hoffnungen.
Wenn unsere Träume wahr werden, dann sind wir **froh**,
wenn nicht, dann sind wir **enttäuscht**.

Wie schön! Ich freue mich so!

Wie schade. Ich bin enttäuscht.

a Lesen Sie die Textbausteine und bilden Sie Sätze. Was passt zusammen?

1 Er ist froh, dass ...
2 Er freut sich, dass ...
3 Er ist enttäuscht, dass ...

a er immer noch nicht perfekt Deutsch kann.
b seine Kinder in Deutschland in Frieden aufwachsen können.
c er immer noch keine Arbeitserlaubnis hat.
d er keine deutschen Freunde hat.
e er endlich seine Aufenthaltserlaubnis bekommen hat.

b Sprechen Sie mit Ihrer Partnerin/Ihrem Partner. Fragen und antworten Sie.

> **ABER:**
> enttäuscht sein **über/von**
> sich freuen **über/auf**
> froh sein **über**

Worüber freust du dich?

Ich freue mich, dass ich eine gute Arbeit habe. Und du?

Darüber freue ich mich auch sehr!

3 Ämter und Behörden

dran kommen/dran sein:
„Muss ich noch lange warten?“
„Nein, Sie sind gleich dran.“
(Sie sind gleich an der Reihe.)

a Wann waren Sie zuletzt auf einem Amt oder bei einer Behörde? Was haben Sie dort gemacht? Erzählen Sie.

b Wie sind Ihre Erfahrungen mit deutschen Ämtern und Behörden? Lesen Sie die Sätze. Stimmt das?

1 Auf Ämtern muss man nicht lange warten. Man kommt meistens schnell dran.
2 Die Sachbearbeiter sind immer freundlich und hilfsbereit.
3 Briefe von Behörden sind oft schwer zu verstehen.
4 Wenn man ein Problem hat, findet man auf Ämtern schnell Hilfe.

4 Man muss Geduld haben.

Papierkram *(Alltagssprache)*
Büroarbeiten, die man nicht gerne macht; Formalitäten mit Ämtern und Behörden.

4 **a** Ana spricht mit ihrer Bekannten Neyla. Hören Sie den Dialog und beantworten Sie die Fragen.

1 Ist Ana im Moment berufstätig?
2 Was möchte ihr Mann?
3 Welchen Beruf hat sie gelernt?
4 Warum arbeitet sie nicht in ihrem Beruf?
5 Hat Ana gute Erfahrungen mit Ämtern gemacht?

geduldig ≠ ungeduldig

b Sind Sie geduldig? Machen Sie den Test und finden Sie es heraus!

Sie sind auf einem Amt und müssen lange warten. Was machen Sie?

A ☐ Ich frage einen Mitarbeiter, wann ich endlich dran komme.
B ☐ Nichts. Ich kann die Situation nicht ändern. Deshalb warte ich.

Sie möchten über die Straße gehen, aber die Ampel ist rot. Was tun Sie?

A ☐ Ich laufe los. Es sind ja nicht viele Autos auf der Straße.
B ☐ Ich bleibe stehen und warte, bis die Ampel grün ist.

In Ihrem Deutschkurs lernen einige Teilnehmer langsamer als Sie. Die Kursleiterin erklärt eine Grammatikregel zum dritten Mal. Was machen Sie?

A ☐ Ich denke „Wie langweilig!“ und schaue auf mein Handy, vielleicht habe ich neue Nachrichten.
B ☐ Ich höre zu. Wiederholung ist immer gut.

Haben Sie mehr B-Antworten als A-Antworten? Dann sind Sie ein geduldiger Mensch.
Wenn Sie mehr A-Antworten haben, sind Sie ein ungeduldiger Mensch.

c Stimmt das? Ist das Ergebnis richtig?
In welchen Situationen sind Sie besonders (un-)geduldig? Erzählen Sie.

5 Wird meine Ausbildung anerkannt?

a Hören Sie das Telefongespräch. Was sagt Ana? Verbinden Sie. 5

1 Ich möchte gern wissen, — a welche Unterlagen ich einreichen muss?
2 Können Sie mir sagen, — b ob meine Ausbildung hier anerkannt wird?
3 Wissen Sie, — c ob ich in Deutschland arbeiten darf.

b Vergleichen Sie die beiden Beispiele. Was ist der Unterschied?

1 Ist Ana Krankenschwester?
→ Wissen Sie, **ob** Ana Krankenschwester ist?

2 **Was** macht Ana beruflich?
→ Wissen Sie, **was** Ana beruflich macht?

c Sehen Sie sich noch einmal die Fragen in Übung 4a an. Welche Fragen sind W-Fragen, welche nicht? Formen Sie dann die Fragen um wie im Beispiel. Verwenden Sie *ob* oder das passende Fragewort.

.....

.....

.....

.....

.....

d Sie sind auf dem Amt und haben viele Fragen. Schreiben Sie Dialoge. Formen Sie zuerst die Fragen um wie in Übung 5c. Schreiben Sie dann eine passende Antwort. Stellen Sie die Dialoge im Kurs vor.

1 ~~Wo kann ich mich informieren?~~
2 Entschuldigen Sie, wo finde ich Zimmer 12?
3 Habe ich das Formular richtig ausgefüllt?
4 Brauche ich einen Termin?
5 Entschuldigen Sie, muss ich noch lange warten?

Beispiel
▶ ***Können Sie mir sagen,/Wissen Sie,*** *wo ich mich informieren kann?*
▷ *Auf unserer Internetseite. Dort finden Sie alle Informationen.*

6 Wichtige Unterlagen

Wissen Sie, was das ist? Schreiben Sie die kompletten Sätze.

1 Das Führungszeugnis — a gibt Auskunft über Ihre Deutschkenntnisse.
2 Der Sprachnachweis — b bescheinigt, dass Sie keine ansteckende Krankheit haben.
3 Die amtliche Beglaubigung — c bescheinigt, dass die Kopie mit dem Original übereinstimmt.
4 Das Gesundheitszeugnis — d gibt Auskunft, ob Sie schon einmal von einem Gericht verurteilt wurden.

.....

.....

.....

7 Amtsdeutsch

a Ana hat sich informiert und einen Antrag auf berufliche Anerkennung gestellt. Sie bekommt einen Brief vom Amt. Lesen Sie den Brief. Welcher Betreff passt?

Antrag abgelehnt | Antrag genehmigt | Fehlende Unterlagen

der **Betreff** = worum es im Brief geht; das Thema

Frankfurt, 19.07.20..

.... Betreff ....

Sehr geehrte Frau Schmidt,

zur Bearbeitung Ihres Antrags auf berufliche Anerkennung benötigen wir noch folgende Dokumente:
- Beglaubigte Fotokopie Ihres Sprachnachweises
- Übersetzung Ihres Abschlusszeugnisses ins Deutsche
- Führungszeugnis (nicht älter als drei Monate)

Um eine zügige Abwicklung zu gewährleisten, bitten wir Sie, die Unterlagen innerhalb von 14 Tagen nach Erhalt dieses Schreibens einzureichen.

Mit freundlichen Grüßen

Gerhard Naumann

b Lesen Sie den letzten Satz noch einmal. Ihre Partnerin/Ihr Partner versteht ihn nicht. Erklären Sie ihr/ihm den Satz. Diese Erklärungen helfen Ihnen.

zügig = schnell
Abwicklung = hier: Bearbeitung
gewährleisten = garantieren
das Schreiben = der Brief
einreichen = abgeben/abschicken

Amtsdeutsch ist eine förmliche Sprache, die häufig von Ämtern und Behörden verwendet wird. Amtsdeutsch ist auch für Deutsche nicht immer einfach zu verstehen.

8 Ich lasse das machen.

6 **a** Ana spricht mit Neyla. Hören Sie und ergänzen Sie die Sätze.

1 Ich mache zuerst eine Kopie und dann .... ich die Kopie beglaubigen.

2 Ich muss mir noch ein Führungszeugnis ausstellen ....

b Ana hat etwas vergessen. Lesen Sie noch einmal den Brief in Übung 7a. Was muss sie noch machen lassen?

etwas machen lassen

Ich **lasse** den Brief **übersetzen**.
(Ich übersetze ihn nicht selbst.)

Ich **muss** den Brief übersetzen **lassen**.

	lassen
ich	lasse
du	lässt
er/sie/es	lässt
wir	lassen
ihr	lasst
sie/Sie	lassen

c Ergänzen Sie die richtige Form von *lassen*.

1 Ich weiß nicht, wo das Amt ist, aber ich .... mir den Weg erklären.

2 Wenn du dir einen Termin geben ...., musst du nicht lange warten.

3 .... du dir deine Ausbildung in Deutschland anerkennen?

4 Wo kann ich mir ein Gesundheitszeugnis ausstellen ....?

5 Mein Pass ist nur noch vier Monate gültig. Ich muss ihn verlängern ....

6 Reparierst du deinen Computer selbst oder .... du ihn reparieren?

d Lesen Sie und variieren Sie den Dialog.

▶ Guten Tag. Was kann ich für Sie tun?

▷ Ich möchte **mein Handy reparieren lassen**.

▶ Sehr gerne. Einen Augenblick, bitte.

~~mein Handy reparieren~~ | ein Dokument übersetzen | eine Fotokopie beglaubigen | mich beraten | mir ein Führungszeugnis ausstellen

9 Fast geschafft

Ana hat fast alle Unterlagen zusammen. Sie schreibt einen Brief an Herrn Naumann. Lesen Sie und ergänzen Sie. Fünf Wörter passen nicht.

a aktuelles	b beglaubigte	c erzählt	d gefragt	e gefunden
f erhalten	g mitgeteilt	h schönes	i sofort	j wieder

Ihr Schreiben vom 19.07.20.. Frankfurt, 25.07.20..

Sehr geehrter Herr Naumann,

mit diesem Schreiben schicke ich Ihnen eine amtlich ....1.......... Kopie meines Deutsch-Zertifikats und ein ....2.......... Führungszeugnis.

Die Übersetzung meines Abschlusszeugnisses habe ich noch nicht ....3.......... .
Das Übersetzungsbüro hat mir heute ....4.........., dass ich das Dokument erst am Montag abholen kann. Ich schicke es Ihnen dann ....5.......... zu.

Mit freundlichen Grüßen
Ana Schmidt

10 Geschafft!

a Viele Einwanderer haben es geschafft, ihre Ausbildung in Deutschland anerkennen zu lassen. Kennen Sie jemanden mit anerkannter Ausbildung in Deutschland? War es einfach/kompliziert? Was macht die Person jetzt beruflich? Erzählen Sie.

b Wann haben Sie „es" geschafft? Schreiben Sie über Ihre Ziele für Ihr Leben in Deutschland.

Sprachbausteine

Über die Heimat sprechen

mein Herkunftsland/Heimatland, meine (zweite) Heimat, fremd sein, zu Hause sein, sich wohlfühlen, sich fremd fühlen

Sagen, dass man jemanden/etwas vermisst

Ich vermisse meine Freunde.
Meine Freunde fehlen mir.

Freude und Enttäuschung ausdrücken

Wir sind froh, dass wir in Deutschland bleiben dürfen.
Ich freue mich, dass ich meine Familie besuchen kann.
Ich freue mich über meine Arbeitserlaubnis.
Wir sind enttäuscht, dass uns niemand geholfen hat.

Ämter und Behörden

die berufliche Anerkennung
die (amtliche) Beglaubigung
etwas beglaubigen (lassen)
die beglaubigte Kopie
die Übersetzung
etwas übersetzen (lassen)
das Führungszeugnis
das Gesundheitszeugnis
der Sprachnachweis

Grammatik

Sätze mit *als* verbinden

Als ich nach Deutschland kam, **war** ich 24.
Ich **war** 24, als ich nach Deutschland kam.

Sätze mit *wenn* verbinden

Wenn ich im Deutschkurs bin, **spreche** ich Deutsch.
Ich **spreche** Deutsch, wenn ich im Deutschkurs bin.

	lassen
ich	lasse
du	lässt
er/sie/es	lässt
wir	lassen
ihr	lasst
sie/Sie	lassen

lassen

Ich	**lasse**	die Fotokopie	beglaubigen.
Ich	**muss**	die Fotokopie	beglaubigen **lassen.**

Indirekte Fragen mit *ob*

Direkte Frage:	Wird meine Berufsausbildung in Deutschland anerkannt?
Indirekte Frage:	Wissen Sie, **ob** meine Berufsausbildung in Deutschland anerkannt wird?

Indirekte W-Fragen

Direkte Frage:	**Wo** finde ich Zimmer 14?
Indirekte Frage:	Wissen Sie, **wo** ich Zimmer 14 finde?
Direkte Frage:	**Welche** Unterlagen brauche ich?
Indirekte Frage:	Können Sie mir sagen, **welche** Unterlagen ich brauche?

Ein neuer Arbeitsplatz

Was passt zusammen?

Ingenieur   Bürokauffrau   Koch   ...   Ärztin

Nachtdienst   Organisation   ...   Herd   Baustelle

(Koch → Herd)

Ich hätte gern mehr Informationen.

1 Berufswünsche

7 **a** Hören Sie. Was sagen die Personen? Ergänzen Sie.

1 Ich *würde* gerne als Altenpflegerin *arbeiten* .
2 Ich .... dann geregelte Arbeitszeiten.
3 Die Arbeit .... irgendwie kreativer.
4 Ich .... ganz andere Speisen ....
5 Ich .... eine Ausbildung ....
6 Ich .... dann Kontakt zu Menschen.
7 Ich .... aber lieber in meinem Job ....
8 Dann .... ich nicht finanziell von meinen Eltern abhängig.

b Wo/Wie würden Sie gerne arbeiten? Diskutieren Sie mit Ihrer Partnerin/Ihrem Partner.

Ich hätte gerne eine interessante Arbeit mit Kontakt zu Menschen.

Würdest du als Kindergärtnerin arbeiten?

Nein, das passt nicht zu mir. Aber ich würde gerne ...

würde/könnte + Infinitiv
Ich **würde** gerne als Kindergärtnerin **arbeiten**.
Ich **könnte** eine Fortbildung **machen**.

wäre/hätte
Ich **wäre** gerne Kindergärtnerin.
Ich **hätte** gerne eine Arbeit als Kindergärtnerin.

2 Berufsfelder

a Lesen Sie die Aussagen und machen Sie eine Tabelle.

Berufsbezeichnung	Tätigkeiten	Arbeitsmaterial	Arbeitsplatz
	Gemüse putzen und schneiden, kochen		

Mittags bereite ich alles vor. Ich schäle Kartoffeln, putze das Gemüse und schneide es mit meinem japanischen Messer klein. Abends koche ich dann auf einem Gasherd leckere Speisen.

Wenn jemand ein Problem mit dem Auto hat oder das Auto repariert werden muss, kann ich helfen. In meiner Werkstatt habe ich ganz viel Werkzeug.

In meinem Job stehe ich den ganzen Tag. Ich wasche, schneide und manchmal färbe ich auch den Kunden die Haare. Mit Schere, Kamm und Föhn zaubere ich neue Frisuren.

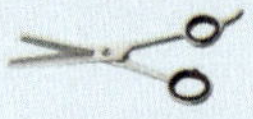

Ich arbeite in einer großen Versicherung am Empfang. Ich nehme die Telefongespräche an und leite sie weiter. Ich kümmere mich um die Post. Ich arbeite viel mit dem Computer. Manchmal mache ich Sekretariatsarbeiten.

b Tragen Sie Ihren und weitere Berufe in die Tabelle ein.

3 Stellenanzeigen

a Lesen Sie die Stellenanzeigen. Zu welchen Punkten finden Sie Angaben in den Anzeigen?

1 Firmenname | 2 Firmensitz | 3 Aufgaben | 4 Arbeitszeiten | 5 Qualifikationen | 6 Gehalt | 7 Jobbezeichnung | 8 Eintrittsdatum | 9 Ansprechpartner/in

Steuerberater Riedel & Riedel ist ein traditionsreiches Steuerberatungsbüro im Herzen von Frankfurt.

Wir suchen ab 01.12.
eine/n Office Manager/in

Ihre Aufgaben:
- Annahme von eingehenden Anrufen und Weiterleitung an interne Ansprechpartner
- Bearbeitung Posteingang und -ausgang
- Verwaltung des Terminkalenders der Geschäftsführer
- Bestellung und Verwaltung von Büromaterial und Catering
- Belegung des Konferenzraums

Ihr Profil:
- Abgeschlossene Ausbildung als Bürokaufmann/-frau oder eine vergleichbare Qualifikation
- Sehr gute Kenntnisse im Umgang mit MS-Office
- Berufserfahrung
- Gute Englischkenntnisse
- Kommunikationsstärke und eine selbstständige Arbeitsweise

Es erwartet Sie ein interessanter und abwechslungsreicher Arbeitsplatz mit leistungsgerechter Bezahlung in einem erfolgreichen Familienunternehmen.

Steuerberater Riedel & Riedel
Bleichstraße 11
60313 Frankfurt/Main

Frau Milena Thomas
Tel.: 069 123456-0
Fax: 069 123456-1

KERNER MASCHINENBAU GMBH

Wir sind ein mittelständisches Unternehmen mit Sitz in Frankfurt. Zum nächstmöglichen Zeitpunkt suchen wir

einen Bilanzbuchhalter (m/w/d)

Aufgaben:
- Erstellung von Monats-, Quartals- und Jahresabschlüssen
- Debitoren- und Kreditorenbuchhaltung
- Umsatzsteuervoranmeldung
- Gehaltsabrechnungen der Mitarbeiter

Profil:
- kaufmännische Ausbildung
- Zusatzqualifikation Bilanzbuchhaltung
- Sehr gute Kenntnisse in MS Office und SAP
- Teamfähigkeit
- eigenverantwortliche Arbeitsstruktur

Ihre komplette Bewerbung unter Angabe Ihrer Gehaltsvorstellung und des möglichen Eintrittstermins senden Sie bitte an:

KERNER MASCHINENBAU GMBH

Herr Dirk Kerner
Hauptstraße 135 • 60313 Frankfurt
Tel.: 069 987654 • Fax: 069 987655

b Was bedeuten diese Formulierungen? Sprechen Sie mit Ihrer Partnerin/Ihrem Partner.

wachstumsorientiertes Unternehmen | flexible Arbeitszeiten | Zuverlässigkeit | Festanstellung | ein vergleichbarer Abschluss | ein abwechslungsreicher Arbeitsplatz | Teamfähigkeit

4 Eine neue Herausforderung

a Hören Sie das Telefongespräch. Auf welche Stelle möchte sich Rabia bewerben? 8

- ☐ Office Manager/in
- ☐ Bilanzbuchhalter/in

b Hören Sie noch einmal. Zu welchen Themen hat Rabia noch Fragen? Kreuzen Sie an. 8

☐ Eintrittsdatum	☐ Urlaubsdauer	☐ Urlaubsplanung
☐ Probezeit	☐ Arbeitszeit	☐ Firmensitz
☐ Gehalt	☐ Aufgaben	☐ Mittagspause
☐ Kollegen	☐ Zeugnisse	☐ Jobticket

5 Der Lebenslauf

a Lesen Sie den Lebenslauf und die Tipps. Ergänzen Sie die Informationen.

iranisch | Muttersprache | Computerkurs | November | Navid

TIPP
Benutzen Sie immer weißes unliniertes Papier, kein Briefpapier oder buntes Papier!

TIPP
Absatzüberschriften in Fettdruck oder unterstreichen!

Lebenslauf

Bergstraße 13 | 60512 Frankfurt/Main | E-Mail: Rabia@navidnet.de |
Telefon: 069 112233 | Mobil: 01575 123456

TIPP
professionelles Bewerbungsfoto

Persönliche Daten

Name	Rabia ....1..........
Geburtsdatum	19. August 1993
Geburtsort	Teheran (Iran)
Staatsangehörigkeit	..........2..........
Familienstand	ledig

TIPP
Die Aufteilung muss klar und geordnet sein.

Schulbildung

09/2007 – 07/2010	Oberschule mit Abitur, Teheran
09/2004 – 07/2007	Staatliche Sekundarschule, Teheran
09/1999 – 07/2004	Grundschule, Teheran

TIPP
Schulabschluss angeben!

TIPP
Von wann bis wann haben Sie etwas gemacht/besucht? Der Lebenslauf muss immer vollständig (lückenlos) sein. Keine zeitlichen Lücken lassen!

Studium

09/2010 – 08/2014	Studium der Betriebswirtschaft, Universität Teheran, Bachelor

Berufserfahrung

10/2014 – 02/2015	Assistentin der Geschäftsführung in einer Telekommunikationsfirma, Teheran
02/2015	Kündigung wegen Übersiedlung nach Deutschland

Weiterbildungen

09/2015 – 09/2016	Integrationskurs (Deutsch als Fremdsprache) an der Volkshochschule Frankfurt; Abschluss: telc Deutsch-Test für Zuwanderer, Niveau B1
02/2010 – 05/2010	..........3.......... MS Office
01/2004 – 03/2005	Wirtschaftsenglisch, Newcastle House, Teheran

Besondere Kenntnisse

Sprachen	Persisch (..........4..........), Deutsch (telc Zertifikat DTZ, B1), Englisch (B2)
Computerkenntnisse	Word, Excel, Outlook

Frankfurt, 12. ....5.......... 20..

Rabia Navid

TIPP
Unterschrift: Vorname und Nachname

TIPP
Ort und Datum nicht vergessen! Der Lebenslauf muss immer mit aktuellem Datum sein.

b Ihre Partnerin/Ihr Partner soll ihren/seinen Lebenslauf schreiben. Geben Sie ihr/ihm Tipps. Nehmen die Tipps in 5a zu Hilfe.

c Schreiben Sie Ihren Lebenslauf und vergleichen Sie im Kurs.

6 Die Bewerbung

a Lesen Sie die E-Mail und ergänzen Sie die Präpositionen.

An	heidi@fröhlich.de
Betreff	Kannst du mir helfen?

Liebe Heidi,

in der Zeitung habe ich eine Stellenanzeige gefunden und ich interessiere mich ___1___ diese Arbeitsstelle. In den nächsten Tagen bewerbe ich mich ___2___ der Firma Riedel & Riedel. Da musste ich sofort ___3___ dich denken. Könntest du mir ___4___ der Bewerbung helfen? Ich würde mich gerne morgen Nachmittag ___5___ dir verabreden. Hast du dann Zeit? Das wäre toll, wenn ich mich ___6___ dir treffen könnte.

Meinen Lebenslauf habe ich schon geschrieben und ich würde gerne ___7___ dir darüber sprechen. Das Bewerbungsschreiben habe ich noch nicht ganz fertig. Kannst du mir da bitte ___8___ den Formulierungen helfen? Ich möchte mich jetzt schon ___9___ dir ___10___ deine Hilfe bedanken und warte ___11___ deine Antwort.

Viele Grüße

Rabia

b Schreiben Sie Sätze mit den Verben im Kasten. Kennen Sie noch andere?

1 Heidi trifft sich mit ihrer Freundin.

2 Rabia ärgert sich über ihren Freund.

3 Die Kollegen beschweren sich über den Postboten.

Verben mit Präpositionen

mit Dativ:	**mit Akkusativ:**
sich bedanken **bei**	achten **auf**
sich bewerben **bei**	sich ärgern **über**
diskutieren **mit**	sich bedanken **für**
sich entschuldigen **bei**	sich bewerben **um**
helfen **bei**	denken **an**
sprechen **mit**	diskutieren **über**
träumen **von**	sich entschuldigen **für**
sich treffen **mit**	sich freuen **auf**
sich verabreden **mit**	sich interessieren **für**
	warten **auf**

7 Das kann ich ...

a Sehen Sie sich den Lebenslauf von Rabia noch einmal an und ergänzen Sie die Tabelle.

Fähigkeiten	Rabia	Ich
Ausbildung	*Studium der Betriebswirtschaft*	
Berufserfahrung		
Fortbildungen weitere Qualifikationen		
Sprachen		
Computerkenntnisse		

b Tragen Sie Ihre Fähigkeiten in die Tabelle ein.

8 Das Bewerbungsschreiben

a Lesen Sie die Bewerbung und die Tipps. Ergänzen Sie die Lücken.

Frau | Integrationskurs | Gespräch | freundlichen | Anzeige

TIPP Absender mit Adresse und Kontaktdaten nicht vergessen!

Rabia Navid
Bergstraße 13
60512 Frankfurt am Main

E-Mail: Rabia@navidnet.de
Telefon: 069 112233
Mobil: 01575 123456

TIPP Empfänger nicht vergessen, wenn möglich mit Ansprechpartner!

Steuerberater Riedel
Frau Milena Thomas
Bleichstraße 11
60313 Frankfurt am Main

TIPP Ort und Datum nicht vergessen

Frankfurt am Main, 12. November 20__

TIPP Betreffzeile in Fettdruck nicht vergessen!

Ihre Stellenanzeige im Frankfurter Rundblick vom 10. November 20__;
Bewerbung als Office Managerin

TIPP Anrede (Eine persönliche Anrede ist immer besser als eine neutrale.)

Sehr geehrte .... Thomas,

TIPP Einleitung nicht vergessen!

mit großem Interesse habe ich Ihre .... im Frankfurter Rundblick gelesen und möchte mich hiermit als Office Managerin bewerben.

TIPP Was Sie bisher gemacht haben (Ihre Ausbildung, Ihre Erfahrung) und warum Sie sich bewerben

Wie Sie meinem Lebenslauf entnehmen können, habe ich nach meinem Studium der Betriebswirtschaftslehre in Teheran 4 Monate in einem Telekommunikationsunternehmen als Assistentin der Geschäftsführung gearbeitet. Meine damaligen Aufgaben entsprachen zum Großteil dem von Ihnen geforderten Profil. Die von Ihnen offerierte Stelle wäre für mich insofern eine neue berufliche Herausforderung, als ich nach meinem erfolgreich absolvierten Integrationskurs nahtlos im Berufsleben Fuß fassen möchte.

TIPP Ihre Stärken und Fähigkeiten (Das kann ich!)

Meine Muttersprache ist Persisch. Daneben beherrsche ich nicht nur Englisch fließend in Wort und Schrift, sondern auch Wirtschaftsenglisch. Den .... habe ich mit dem telc Zertifikat „Deutsch-Test für Zuwanderer" (Niveau B1) erfolgreich abgeschlossen. Für das kommende Semester habe ich mich bei der Volkshochschule Frankfurt für den weiterführenden Abendkurs B2 eingeschrieben.

TIPP Schlusssatz nicht vergessen!

Über eine Einladung zu einem persönlichen .... würde ich mich freuen.

TIPP Gruß nicht vergessen!

Mit .... Grüßen

TIPP Unterschrift nicht vergessen!

Rabia Navid

TIPP Anlagen angeben! (Was Sie dem Schreiben beilegen, z. B. Zeugnisse/Zertifikate); Achtung: Schicken Sie immer gute Kopien, nie Originale!

Anlagen:
Lebenslauf
Zeugnisse
Übersetzung der Zeugnisse
Sprachzertifikate

b Ihre Partnerin/Ihr Partner soll eine Bewerbung schreiben. Geben Sie ihr/ihm Tipps. Nehmen Sie die Tipps in 8a zu Hilfe.

c Suchen Sie in der Zeitung oder im Internet nach Stellenangeboten, die zu Ihrem Profil passen. Schreiben Sie eine Bewerbung. Besprechen Sie die Bewerbungsschreiben im Kurs.

9 Das Vorstellungsgespräch

Seitdem ich in Deutschland bin, spreche ich jeden Tag Deutsch.

a Hören Sie Auszüge aus dem Vorstellungsgespräch zwischen Rabia und Herrn Riedel. Verbinden Sie dann die Sätze. 9

1 ☐ Bevor sie in Deutschland einen Integrationskurs gemacht hat,
2 ☐ Während Rabia studierte,
3 ☐ Nachdem sie ihr Studium abgeschlossen hatte,
4 ☐ Seitdem Rabia in Deutschland ist,

a besuchte sie einen Kurs in Wirtschaftsenglisch.
b spricht sie jeden Tag Deutsch.
c hat sie im Iran als Assistentin gearbeitet.
d hat sie Arbeit als Assistentin gefunden.

b Schreiben Sie die Sätze anders.

Sie hat im Iran als Assistentin gearbeitet, bevor sie in Deutschland einen Integrationskurs gemacht hat.

....

....

Bevor er sich anzog, duschte er.
Nachdem er geduscht hatte, zog er sich an.

Während er frühstückte, klingelte es.

c Verbinden Sie die Sätze mit *nachdem* und *seitdem*.

1 Elena arbeitet Vollzeit. Sie hat keine Zeit mehr für Sport.
2 Juri hat eine Fortbildung gemacht. Er hat einen besseren Job bekommen.
3 Rosanna hat ein Kind bekommen. Sie arbeitet nur noch vormittags.
4 Hans ist in Rente gegangen. Er ist sechs Wochen nach Australien gefahren.
5 Luisa hat ihren Realschulabschluss gemacht. Sie hat eine Ausbildung als Krankenschwester angefangen.
6 Hanna hat einen neuen Abteilungsleiter. Sie hat viel Stress auf der Arbeit.

d Was machen Sie *während* oder *bevor*, *nachdem* oder *seitdem*? Fragen und antworten Sie.

Was machst du, während du an der Bushaltestelle wartest?

Was hast du gemacht, nachdem du die Schule abgeschlossen hattest?

zur Arbeit gehen
die Ausbildung/das Studium anfangen
einkaufen
frühstücken
fernsehen
kochen
im Kurs sein
putzen
auf die Straßenbahn warten
in Urlaub fahren

Sprachbausteine

Qualifikationen/Fähigkeiten

die Ausbildung, die Berufserfahrung, die Computerkenntnisse, die Fortbildung, die Sprachkenntnisse, das Studium, die Teamfähigkeit, das Zeugnis, die Zuverlässigkeit, mein Herkunftsland/Heimatland, meine (zweite) Heimat, fremd sein, zu Hause sein, sich wohlfühlen, sich fremd fühlen

Stellenanzeigen

der Ansprechpartner, der abwechslungsreiche Arbeitsplatz, die flexible/geregelte Arbeitszeit, die Aufgabe, das Eintrittsdatum, die Festanstellung, der Firmensitz, das Gehalt, die Mittagspause, die Probezeit, der Urlaub

Stellengesuche

die Bewerbung, das Bewerbungsanschreiben, der Lebenslauf

Grammatik

***sein* und *haben* im Konjunktiv II**

Ich **wäre** gerne Bürokauffrau.
Hättest du gerne eine Arbeit im Büro?

***würden* + Infinitiv und *könnten* + Infinitiv**

Tom und Lisa **würden** gerne weniger Überstunden **machen**.

Ich **könnte** mich bei der Firma HX-Data **bewerben**.

Verwendung des Konjunktivs II

Höfliche Bitte
Würden Sie mir bitte Informationen über die Arbeitsstelle **geben**?

Könnten Sie mir bitte mehr Informationen über die Arbeitsstelle **geben**?

Wunsch
Ich **hätte** gern eine Arbeit im Büro.

Ratschlag
Du **könntest** dich bei der Firma HX-Data **bewerben**.

Sätze mit *bevor, nachdem, während, seitdem* verbinden

Olli **duschte**. (8 Uhr) erst Handlung 1 fertig →	Olli **putzte** sich die Zähne. (8:10 Uhr) danach Handlung 2
Olli **duschte**,	bevor er sich die Zähne putzte.
Nachdem Olli geduscht hatte,	**putzte** er sich die Zähne.
Olli **frühstückte**. (8:30 Uhr) Während Olli frühstückte, Es **klingelte**, zur gleichen Zeit = gleichzeitig	Es **klingelte**. (8:30 Uhr) **klingelte** es. während Olli frühstückte.
Rabia **ist** in Deutschland. bestimmter Zeitpunkt → Seitdem Rabia in Deutschland ist,	Sie **spricht** jeden Tag Deutsch. ab dann in die Zukunft **spricht** sie jeden Tag Deutsch.

Büroalltag

Ich würde gern ...

Ich hätte gern ... im Büro.

Bei meiner Arbeit möchte ich ...

Wir können Heizkosten sparen, indem wir richtig lüften.

1 Energiesparen im Büro

a Rolf und Annegret Riedel leiten ein Steuerberaterbüro mit mehreren Mitarbeiterinnen und Mitarbeitern. Lesen Sie die E-Mail und ergänzen Sie.

belastet | besprechen | kommen | kostet | sammeln | sparen | ~~verbrauchen~~

Von	leitung@steuerberater.de
An	mitarbeitende@steuerberater.de
Betreff	Energiesparen

Liebe Mitarbeiterinnen und Mitarbeiter,

in unserem Arbeitsalltag *verbrauchen* wir oft mehr Energie als nötig. Das ....2........ die Umwelt und ....3........ zusätzlich Geld. Wir möchten deshalb mit Ihnen ....4........, was wir tun können, um in unserem Büro Energie zu ....5......... Bitte machen Sie sich Gedanken zu diesem Thema und ....6........ Sie Vorschläge. Wir freuen uns auf Ihre Ideen.

Die Besprechung findet am 9. Januar um 11:30 Uhr im kleinen Besprechungszimmer statt. Bitte ....7........ Sie pünktlich.

Mit besten Grüßen

Rolf und Annegret Riedel

Rolf Riedel

Annegret Riedel

b Lesen Sie die Sätze. Welches Verb passt nicht?

1 Man kann Kosten senken | sparen | schützen | vergleichen.
2 Man kann Energie belasten | sparen | verbrauchen | verschwenden.
3 Man kann die Umwelt belasten | schonen | schützen | verschwenden.
4 Man kann Vorschläge besprechen | fragen | machen | sammeln.
5 Man kann Geld ausgeben | schaden | sparen | verschwenden.

2 Der Letzte macht das Licht aus.

10 **a** Rolf und Annegret Riedel begrüßen ihre Mitarbeiterinnen und Mitarbeiter im Besprechungsraum. Was sagt Frau Riedel? Hören Sie und kreuzen Sie an.

- [ ] Wir können die Umwelt schonen, **indem** wir Energie sparen.
- [ ] **Indem** wir Energie sparen, können wir die Umwelt schonen.

Wie/Auf welche Weise können wir die Umwelt schonen?
→ **Indem** wir Energie sparen.

b Sie hören Vorschläge von vier Mitarbeiterinnen und Mitarbeitern. Wie wird im Büro Energie verschwendet? Ergänzen Sie Rolf Riedels Notizen. 11

Besprechung Energiesparen 9.1.

Energieverschwendung bei uns:

1. *Damentoilette: Wasserhahn tropft*
2. *Fenster:*
3. *Drucker:*
4. *Geräte:*

c Hören Sie noch einmal. Welcher der Sätze A–F passt zu den Vorschlägen 1–4? Hören Sie dann noch einmal zur Kontrolle. 11

A Man kann Energie sparen, indem man Energiesparlampen verwendet.
B Man kann Strom sparen, indem man abends alle Geräte ausschaltet.
C Man kann Heizkosten sparen, indem man richtig lüftet.
D Man kann Papier sparen, indem man nicht alles ausdruckt.
E Man kann Wasser sparen, indem man kaputte Wasserhähne repariert.
F Man kann Kosten sparen, indem man Geräte gemeinsam benutzt.

Vorschlag 1 → Satz *E* Vorschlag 3 → Satz ……

Vorschlag 2 → Satz …… Vorschlag 4 → Satz ……

d Schreiben Sie die Sätze A–F um. Beginnen Sie mit *indem* … .

Indem man Energiesparlampen verwendet, kann man Energie sparen.

e Arbeiten Sie zu dritt. Wie kann man im Büro Energie sparen? Zwei Personen diskutieren und machen Vorschläge. Die beiden sind mit dem Vorschlag der anderen Person nicht einverstanden. Die dritte Person hilft bei der Kommunikation.

Nein, ich bin nicht einverstanden. Man spart mehr Energie, indem …

Mir gefallen beide Ideen. / Das finde ich eine gute Idee.

3 *An* oder *aus*? *Auf* oder *zu*?

Welche Verben passen?

anmachen | öffnen | aufdrehen | zumachen | ausschalten

Man kann die Heizung **anmachen/ausmachen** oder **aufdrehen/abdrehen**

Man kann das Licht …… /**ausmachen** oder **einschalten**/ ……

Man kann das Fenster …… / **schließen** oder **aufmachen**/ ……

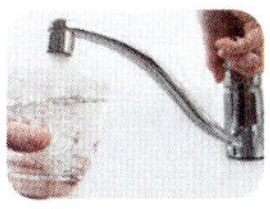

Man kann den Wasserhahn …… /**zudrehen**

4 Könnten Sie ...?

12 **a** Rolf Riedel spricht mit seiner Mitarbeiterin Rabia Navid. Hören Sie das Gespräch. Entscheiden Sie, ob die Aussage richtig oder falsch ist und welche Antwort (a, b oder c) am besten passt.

1 Herr Riedel will den Wasserhahn auf der Damentoilette reparieren lassen.

☐ richtig ☐ falsch

2 Rabia soll

a ☐ dem Hausmeister eine E-Mail schreiben.

b ☐ den Hausmeister anrufen.

c ☐ die Telefonnummer des Hausmeisters notieren.

12 **b** Hören Sie noch einmal. Welche Wörter hören Sie?

wäre | würde | hätten | könnten

c Lesen Sie die Sätze und ergänzen Sie die Verben aus Übung b.

1 Ich .... gern den Wasserhahn reparieren lassen.

2 .... Sie bitte einen Handwerker anrufen?

3 Ich bin Büroassistentin, aber ich .... gern Chefin.

4 Wir .... gerne mehr Geld.

> **TIPP**
>
> Erinnern Sie sich noch an alle Formen von **wäre, würde, hätte** und **könnte**? Wiederholen Sie diese auf Seite 22.

5 Wenn ich könnte, würde ich ...

13 **a** Rabia hat mit dem Hausmeister telefoniert.
Sie möchte nun Rolf und Annegret Riedel von dem Gespräch berichten.
Hören Sie und beantworten Sie die Fragen.

1 Warum kann der Hausmeister den Wasserhahn nicht sofort reparieren?

2 Warum repariert Herr Riedel den Wasserhahn nicht selbst?

3 Warum repariert Frau Riedel den Wasserhahn nicht?

4 Wer soll den Wasserhahn reparieren?

13 **b** Hören Sie noch einmal. Was sagt Rolf? Und Annegret? Ergänzen Sie.

hätte | könnte | würde (2x)

Herr Riedel: Wenn ich ...., ... ich den Wasserhahn reparieren.

Frau Riedel: Wenn ich Zeit ...., dann .... ich das machen.

> **Vergleichen Sie.**
>
> Wenn ich Zeit **habe**, (dann) **mache** ich das. (Vielleicht morgen oder übermorgen.)
> Wenn ich Zeit hätte, (dann) würde ich das **machen**. (Ich habe aber keine Zeit.)
>
> Wenn wir Geld **haben**, (dann) **kaufen** wir einen neuen Drucker. (Vielleicht nächsten Monat.)
> Wenn wir Geld hätten, (dann) würden wir einen neuen Drucker **kaufen**. (Wir haben aber kein Geld.)

c Was passt zusammen? Lesen Sie die Sätze und verbinden Sie.

1 Wenn du schneller **arbeiten würdest,**
2 Wenn es draußen wärmer **wäre**,
3 Wenn ich den Schlüssel **hätte**,
4 Wenn ich **könnte**,
5 Wenn heute Sonntag **wäre**,

a **würde** ich dir **helfen**.
b dann **könntest** du früher nach Hause **gehen**.
c dann **könnte** ich **ausschlafen**.
d **würde** ich das Fenster **aufmachen**.
e dann **könnte** ich die Tür **aufschließen**.

d Rabia ärgert sich über ihren Chef. Was sagen ihre Kolleginnen und Kollegen? Ergänzen Sie.

Martin

Wenn ich der Chef ....1.......... (sein), dann .... ich einfach einen Handwerker ....2.......... (rufen).

*Wenn ich **könnte** (können), dann würde ich jetzt nach Hause **gehen** (gehen). Ich bin stinksauer!*

Lara

Wenn ich Zeit ....3.......... (haben), dann .... ich Rabia ....4.......... (helfen). Ich habe aber selbst noch so viel zu tun.

Alex

Wenn ich den Wasserhahn reparieren ....5.......... (müssen), ...6.......... (sein) ich auch sauer. Wir sind doch keine Handwerker, und das gehört nicht zu unseren Aufgaben.

	müssen
ich	müsste
du	müsstest
er/sie/es	müsste
wir	müssten
ihr	müsstet
sie/Sie	müssten

auch so: **wissen** - ich wüsste, ...

6 Wenn ich König von Deutschland wäre ...

a Arbeiten Sie zu zweit. Fragen Sie und antworten Sie.

1 Wären Sie gerne ein Vogel?
2 Hätten Sie gerne eine Million Euro?
3 Wären Sie gern Bundeskanzler/in?
4 Hätten Sie gerne ein eigenes Flugzeug?
5 Wären Sie gern der Chef/die Chefin in einer großen Firma?

Wärst du gerne ein Mann?

Nein. Wenn ich ein Mann wäre, müsste ich mich ja jeden Tag rasieren.

b Arbeiten Sie mit einer neuen Partnerin/einem neuen Partner. Berichten Sie, was Ihre Partnerin/Ihr Partner in 6a gesagt hat.

7 Sie brauchen sich nicht zu beeilen.

14 **a** Hören Sie das Gespräch und ergänzen Sie.

Sie müssen sie nur ausdrucken. | Sie brauchen sie nur auszudrucken.
das brauchen Sie doch nicht selbst zu machen. | das müssen Sie doch nicht | selbst machen.

Rolf Riedel: Frau Navid, bevor ich es vergesse: Wir möchten in Zukunft mit einer neuen Reinigungsfirma zusammenarbeiten. Könnten Sie bitte den Vertrag mit der alten Firma kündigen?

Rabia Navid: Herr Riedel, ich ...

Rolf Riedel: Wenn Sie die Kündigung fertig haben, legen Sie sie mir bitte auf den Schreibtisch. ....1.................. Ich unterschreibe sie dann.

Rabia Navid: In Ordnung. Ich mache das gleich morgen früh.

Rolf Riedel: Ich brauche die Kündigung schon heute Nachmittag. Sie muss heute noch abge-
schickt werden.

Rabia Navid: Es tut mir leid, aber das schaffe ich nicht. Es ist jetzt 14 Uhr. Ich brauche etwa zwei Stunden, um die Unterlagen für Herrn Krüger vorzubereiten. Und dann muss ich ja noch den Wasserhahn reparieren.

Rolf Riedel: Frau Navid, ...2..................
Rufen Sie doch die Handwerker!

Rabia Navid: Äh, aber Sie haben doch gesagt ...

Rolf Riedel: Es ist sehr nett, dass Sie sich gleich um die Kündigung kümmern. Bis 15 Uhr schaffen Sie das, nicht wahr? Mit den Unterlagen für Herrn Krüger brauchen Sie sich nicht zu beeilen. Das hat ja noch bis morgen früh Zeit.

14 **b** Hören und lesen Sie den Dialog noch einmal. Was sind Rabias Aufgaben? Wann muss was fertig sein? Was muss sie nicht tun?

Sie **müssen** das nicht machen. = Sie **brauchen** das **nicht zu** machen.
Sie **müssen** den Brief **nur** ausdrucken. = Sie **brauchen** den Brief **nur** aus**zu**drucken.

c Lesen Sie die Dialoge und variieren Sie.

- ▶ Ich muss noch den Hausmeister anrufen.
- ▷ Nein, du **brauchst** den Hausmeister **nicht anzurufen**. Das habe ich schon gemacht.

~~den Hausmeister anrufen~~ | die Heizung abdrehen | den Brief unterschreiben | den Drucker reparieren | den Kopierer ausschalten

- ▶ Hier sind die Unterlagen.
- ▷ Und was soll ich damit machen?
- ▶ Du **brauchst** sie nur **zu kopieren**.

~~die Unterlagen kopieren~~ | die Kündigung zur Post bringen | den Brief übersetzen | die Fotokopien abheften

d Und was müssen Sie oft machen?
Was brauchen Sie nicht zu machen?

Ich brauche nicht zu kochen. Das macht meine Schwester. Ich muss aber immer spülen.

8 Kündigung

a Rabia schreibt die Kündigung an die Chefin der Reinigungsfirma, Frau Neuhaus. Lesen Sie den Text und schließen Sie die Lücken. Welche Lösung (a, b oder c) ist richtig?

Steuerberater Riedel & Riedel
Bleichstraße 11 · 60313 Frankfurt am Main

Firma Putzprofis
Südring 7
63165 Mühlheim am Main

09.01.20..

Kündigung des Reinigungsvertrags vom 01.06.20XX

Sehr *geehrte* Frau Neuhaus,

wir haben die Zusammenarbeit mit ...2... Firma in den letzten zwei Jahren sehr geschätzt. Aus geschäftlichen Gründen haben wir uns ...3... entschieden, die Zusammenarbeit zu beenden. Aus diesem Grund kündige ich den Vertrag mit der Nummer 260636 ...4... zum 31. Januar 20XX.

...5... Sie uns die Kündigung und das Vertragsende bitte schriftlich bestätigen? Denken Sie bitte ...6... daran, uns die Schlüssel zu unseren Büroräumen zum Vertragsende zu übergeben.

Wir ...7... Ihnen für die gute Zusammenarbeit und bitten um Verständnis für unsere Entscheidung.

Mit ...8... Grüßen

Rolf Riedel *Annegret Riedel*

1
a geehrte
b geehrten
c geehrter

2
a Ihrer
b meiner
c unserer

3
a darum
b deswegen
c trotzdem

4
a fristgerecht
b sofort
c spätestens

5
a Hätten
b Wären
c Würden

6
a auch
b deshalb
c seitdem

7
a bedanken
b bedanken uns
c danken

8
a freundlich
b freundliche
c freundlichen

b Die Kündigung enthält sechs wichtige Informationen. Lesen Sie den Text noch einmal ordnen Sie zu. Wo finden Sie welche Information?

Name und Anschrift des Absenders | Name und Anschrift des Empfängers | Grund der Kündigung | Vertragsnummer | Zeitpunkt, zu dem der Vertrag gekündigt werden soll | Bitte um Bestätigung der Kündigung

Sprachbausteine

Energiesparen

Energie verbrauchen, verschwenden, sparen
Energie-/Heiz-/Stromkosten sparen, senken
die Fenster auf-/zumachen, öffnen/schließen, kippen
das Licht/das Gerät an-/ausschalten, an-/ausmachen
die Heizung auf-/abdrehen, an-/ausmachen

Einen Dienstleistungsvertrag kündigen

Sehr geehrte/r Frau/Herr ...,
Hiermit kündige ich den Vertrag (Vertragsnummer XXX) fristgerecht zum 31.12.20XX.
Ich habe die Zusammenarbeit mit der Firma XY sehr geschätzt.
Ich danke Ihnen für die gute Zusammenarbeit./Ich bedanke mich für ...
Bitte bestätigen Sie die Kündigung/das Vertragsende schriftlich.
Mit freundlichen Grüßen

Grammatik

Sätze mit *indem* verbinden

Wir **schonen** die Umwelt, indem wir Energie sparen.
Man **kann** Strom sparen, indem man Energiesparlampen verwendet.

Man kann die Sätze auch umdrehen: Indem wir Energie sparen, **schonen** wir die Umwelt.

Konjunktiv II	
	müssen
ich	müsste
du	müsstest
er/sie/es	müsste
wir	müssten
ihr	müsstet
sie/Sie	müssten

auch so: **wissen** – ich wüsste, ...

Irreale Bedingungssätze

Wenn ich mehr Geld **hätte**, (dann) **könnte** ich den Drucker **kaufen**.
Wenn ich **könnte**, (dann) **würde** ich dir **helfen**.
Wenn heute Sonntag **wäre**, (dann) **müsste** ich nicht zur Arbeit **gehen**.
Wenn ich es **wüsste**, (dann) **würde** ich es dir **sagen**.

***müssen* + Infinitiv**

Sie **müssen** die Kündigung **ausdrucken**.
Sie **müssen** den Brief nicht **unterschreiben**.

***nicht brauchen* + *zu* + Infinitiv**

Sie **brauchen** den Brief **nicht zu** unterschreiben.

***nur brauchen* + *zu* + Infinitiv**

Sie **brauchen** den Brief **nur** aus**zu**drucken.

***brauchen* + *kein/keine/keinen* + *zu* + Infinitiv**

Sie **brauchen keine** Kündigung **zu** schreiben.

Gesunde Ernährung

Was essen Rabia, Joana und Karim auf dem Foto? Ist das gesund?

Wo sind die drei?

Würden Sie gern mehr Bioprodukte kaufen?

1 Vegetarisch oder ...

15 **a** Sie hören vier Aussagen. Welche Aussage passt zu welchem Bild? Ordnen Sie zu.

A

Aussage ☐

B

Aussage ☐

C

Aussage ☐

D

Aussage ☐

15 **b** Hören Sie noch einmal und beantworten Sie die Fragen.

Aussage 1: Seit wann ist die Frau Vegetarierin?
Aussage 2: Wo kauft der Mann glutenfreie Lebensmittel?
Aussage 3: Was isst der Mann manchmal mittags?
Aussage 4: Welches Problem sieht die Frau bei Fertiggerichten?

c Ergänzen Sie den Konjunktiv II.

könnte | würde | wäre | hätte

1 .... ich doch schon immer Vegetarierin!
2 Viele Menschen leiden darunter, sonst .... es kein so großes Angebot geben.
3 Ich .... nicht auf Fleisch verzichten.
4 Ich .... nicht gedacht, dass industriell hergestellte Lebensmittel so viele Zusatzstoffe enthalten.

d Sprechen Sie mit Ihrer Partnerin/Ihrem Partner. Fragen und antworten Sie.

Wärst du gerne Vegetarier?

Nein, ich könnte nicht auf Fleisch verzichten.

Könntest du dir vorstellen, nur noch Bioprodukte zu kaufen?

Ja, wenn sie nicht so teuer wären.

2 Gesundheitliche Probleme

a Ergänzen Sie *hätte* oder *wäre* und das Partizip II von *essen*, *gehen* und *machen*.

1 .... ich doch nicht so viel Süßes ....,
dann müsste ich jetzt nicht abnehmen.

2 .... ich doch bloß früher zum Arzt ....,
dann wäre ich jetzt bestimmt gesund.

3 .... ich doch schon immer Sport ....,
dann könnte ich länger joggen.

b Was hätten Sie besser anders gemacht? Schreiben Sie fünf Sätze mit *hätte/wäre*.

Hätte ich bloß nie zu rauchen begonnen, dann wäre ich heute fit.
Wäre ich früher häufiger zum Sport gegangen, dann hätte ich heute weniger Probleme.

3 Essgewohnheiten

a Hören Sie den Dialog. Sind die Aussagen richtig oder falsch? Markieren Sie. 16

		✓	✗
1	Ana und Tayo wollen am Wochenende kochen.	☐	☐
2	Ana kann leider nicht kommen.	☐	☐
3	Michaela kocht immer vegan.	☐	☐
4	Tayo ist Vegetarier.	☐	☐
5	Michaela kocht Fleischgerichte.	☐	☐
6	Ana verträgt keine Milch.	☐	☐
7	Ana isst gerne Käse.	☐	☐

b Und Sie? Achten Sie auf Ihre Ernährung? Wie ernähren Sie sich? Was essen Sie? Essen Sie alles? Sind Sie Vegetarier, Veganer? Essen Sie laktosefreie oder glutenfreie Produkte? Sprechen Sie miteinander und machen Sie sich Notizen. Erzählen Sie dann im Plenum, was die anderen gesagt haben.

Person	nicht gerne/nie	Grund
Maya	*Haselnüsse*	*Allergie*
Ikram	*Schweinefleisch*	*Religion*

Maya isst nie Haselnüsse. Sie ist allergisch gegen Haselnüsse.

4 Kulinarische Wünsche

Wo oder was würden Sie gerne mal essen? Welche Wünsche haben Sie?

Ich würde gerne mal indisches Essen probieren.

Ein Fünf-Gänge-Menü bei einem Sternekoch würde mir sehr gefallen.

5 Worauf achtest du?

darüber | daran | davon | dafür | daraus | darauf | für ihn | mit ihm

Ergänzen Sie.

▶ Worauf achtest du beim Einkaufen?

▷ Ich achte immer auf den Preis. .... muss ich immer schauen.

▶ Diskutierst du viel mit deinem Gemüsehändler?

▷ Ja, ... diskutiere ich immer darüber, was die beste Ware ist.

▶ Wofür gibst du so viel Geld aus? Für Biofleisch?

▷ Ja, ... gebe ich sogar sehr viel Geld aus.

▶ Worüber hast du mit dem Gemüsehändler diskutiert?

▷ Über den Anbau von Biotomaten. .... habe ich einiges gelesen.

▶ Kochst du für deinen Mann immer glutenfrei?

▷ Ja, das mache ich .... Er verträgt kein Getreide.

▶ Woraus bestehen diese Bionudeln? Aus biologisch angebautem Hartweizen?

▷ Ja, ... bestehen alle Bionudeln dieser Firma.

▶ Woran kann man gutes Fleisch erkennen?

▷ Am Aussehen. .... erkennt man immer Qualität.

für etwas → dafür
für eine Person → für sie/ihn

6 Ernährung

a Schauen Sie sich die Abbildung an und ordnen Sie die Lebensmittelgruppen zu.

1 Milchprodukte ☐
2 Obst und Gemüse ☐
3 Getreide, Kartoffeln, Nudeln ☐
4 Tierische Produkte ☐
5 Süßes und Fette ☐

b Diskutieren Sie. Zeigt die Abbildung eine gesunde Ernährung? Was würden Sie empfehlen?

7 Fleischlos glücklich

a Lesen Sie Michaelas Bericht und ergänzen Sie.

irgendwelche | irgendwann | irgendwo | irgendwie | irgendwer | niemand | niemanden | niemandem | jemand | jemanden | jemandem

Nun, ich bin seit zehn Jahren Vegetarierin. ....1........ konnte ich kein Fleisch mehr essen. Ich habe es nie so gerne gemocht. ....2........ hat mir ein vegetarisches Kochbuch geliehen und ich habe mein erstes Rezept ausprobiert. ....3........ habe ich dann einen Zeitungsbericht über die Massentierhaltung und ....4........ Medikamente gelesen. Die Tiere wurden unter furchtbaren Bedingungen gehalten und ....5........ schien dies zu stören. Auf einem Gesundheitstag habe ich dann mit ....6........ gesprochen, der sich schon seit vielen Jahren mit fleischfreier Kost auseinandersetzt. Das hat mich dann ....7........ überzeugt. Anfangs hat das zu Hause ....8........ bemerkt, dass ich keine Wurst und kein Fleisch mehr gegessen habe. ....9........ aus dem Freundeskreis hat mich dann gefragt. Anfangs konnte ich auch mit ....10........ so richtig darüber sprechen, weil die meisten kein Verständnis hatten. Aber heute treffe ich überall auf ....11........, der sich vegetarisch oder sogar vegan ernährt. Ich glaube, dass sich heute immer mehr Menschen bewusst ernähren und sich Gedanken darüber machen, was sie essen.

Personen

Nominativ	Akkusativ	Dativ
niemand	niemand<u>en</u>	niemand<u>em</u>
jemand	jemand<u>en</u>	jemand<u>em</u>

b Michaela fragt ihren Arzt, Dr. Yilmaz, wie sie sich gesund ernähren kann. Hören Sie den Dialog. Was empfiehlt Dr. Yilmaz? Kreuzen Sie an. 17

1 Michaela soll als Vegetarierin häufig
- a ☐ Hülsenfrüchte essen.
- b ☐ Nährstoffe essen.
- c ☐ Nudeln essen.

2 Michaela isst gerne
- a ☐ Fertiggerichte.
- b ☐ Fisch.
- c ☐ Fleisch.

3 Wie viel Fleisch sollte man essen?
- a ☐ 6 kg pro Woche
- b ☐ 600 g pro Tag
- c ☐ 600 g pro Woche

c Welche Hülsenfrüchte kennen Sie? Sammeln Sie.

8 Ernährung in Deutschland – eine Umfrage

a Michaelas Krankenkasse hat eine Studie über die Ernährungsgewohnheiten der Deutschen gemacht. Lesen Sie die Ergebnisse und markieren Sie die wichtigsten Informationen. Ordnen Sie dann den Abschnitten die richtigen Überschriften zu.

Deutschland – Fleischland | Essen nebenbei | ~~Essen: für jeden Zweiten wichtig~~ | Fix und fertig | Frustesser | Gesunde Ernährung und Berufstätigkeit | Kochen in weiblicher Hand | Nicht nur „coffee to go"

Iss was, Deutschland?

1 *Essen: für jeden Zweiten wichtig*

Für die Hälfte der Menschen in Deutschland ist Essen wichtig. Allerdings bedeutet dies auch, dass es für 50 % keine große Bedeutung hat. Nur jeder Zehnte behauptet von sich, sich gesund zu ernähren. Insbesondere junge Menschen unter 25 achten in der Regel nicht darauf, was sie essen. Neben dem Alter spielen auch das Einkommen und der Bildungsstand eine wichtige Rolle. Menschen mit besserer Schulbildung und gutem Einkommen ernähren sich gesünder.

2 ....

Durchschnittlich isst die Hälfte der Bevölkerung jeden Tag Fleisch oder Wurst. Vor allem junge Leute und Männer essen Fleisch. Daran ändert der Trend zur vegetarischen Ernährung nur wenig.

3 ....

Auch wenn Frauen sich eigentlich gut ernähren, ist bei Frust plötzlich alles egal. 40 % der Frauen essen ungesund und viel, wenn sie schlechte Laune haben. Bei Männern sind es nur 20 %.

4 ....

Im Durchschnitt essen vier von zehn Deutschen ein bis zwei Mal in der Woche fertige Gerichte wie Tütensuppe und Tiefkühlpizza. 50 % der Bevölkerung geben Zeitmangel und Stress als Hauptgründe für den Verzehr von Fertiggerichten an. Bei den unter 25-Jährigen sind es sogar zwei Drittel. Jeder dritte mit niedrigem Einkommen gibt an, Fastfood und Fertiggerichte seien billiger als gesunde Ernährung.

5 ....

80 % der Frauen, aber nur 35 % der Männer kochen zu Hause. Kochen ist im Alltag also immer noch Frauensache. 93 % der kochenden Frauen behaupten sogar von sich, gut bis sehr gut kochen zu können. Anders ist das bei den Männern – nur vier von zehn Männern sagen von sich selbst, sie könnten ein bisschen kochen. Nur in der Hälfte der Haushalte wird täglich frisch gekocht. Der Hauptgrund dafür ist meist Zeitmangel.

6 ....

Bei fast jedem Dritten läuft während des Essens der Fernseher oder sogar der Computer oder das Smartphone. Je jünger die Esser, desto mehr ist Essen eine Nebensache. Ebenso ist das Naschverhalten: Bei den 18- bis 35-Jährigen nascht jeder Dritte beim Fernsehen oder beim Surfen im Internet.

7 ....

Unterwegs schnell etwas zu essen – quasi im Vorbeigehen – wird immer beliebter. Jeder Dritte unter 25 isst dreimal in der Woche unterwegs. Mit zunehmendem Alter isst man weniger unterwegs.

8 ....

Sich am Arbeitsplatz gesund zu ernähren fällt vielen schwer. Ein Drittel aller Befragten gibt schlechte Bedingungen am Arbeitsplatz als Grund für die schlechte Ernährung an. Als Hauptgrund wird der Zeitmangel angegeben.

b Lesen Sie die Aussagen und markieren Sie richtig oder falsch.

		✓	✗
1	50 % der Deutschen legen Wert auf gesunde Ernährung.	☐	☐
2	Junge Menschen unter 25 achten besonders auf ihre Ernährung.	☐	☐
3	30 % der Deutschen essen jeden Tag Fleisch.	☐	☐
4	Erwachsene über 25 essen im Durchschnitt ein bis zwei Mal in der Woche Fertiggerichte.	☐	☐
5	Bei Stress und Problemen essen insbesondere Frauen eher ungesund.	☐	☐
6	Fastfood und Fertiggerichte werden oft gegessen, weil es schnell geht.	☐	☐
7	Im Alltag kochen 93 % der Frauen zu Hause.	☐	☐
8	55 % der Deutschen schauen beim Essen fern oder aufs Smartphone.	☐	☐
9	Menschen mit wenig Einkommen essen gerne unterwegs.	☐	☐
10	Gesunde Ernährung und Arbeit sind schwer vereinbar.	☐	☐

c Formulieren Sie Fragen zur Ernährung. Machen Sie eine Umfrage im Kurs.
Schreiben Sie einen Text oder entwickeln sie Schaubilder. Präsentieren Sie das Ergebnis.

Fertiggerichte
60 % der Befragten kochen selbst.
Aber 40 % machen sich Fertiggerichte warm.
...

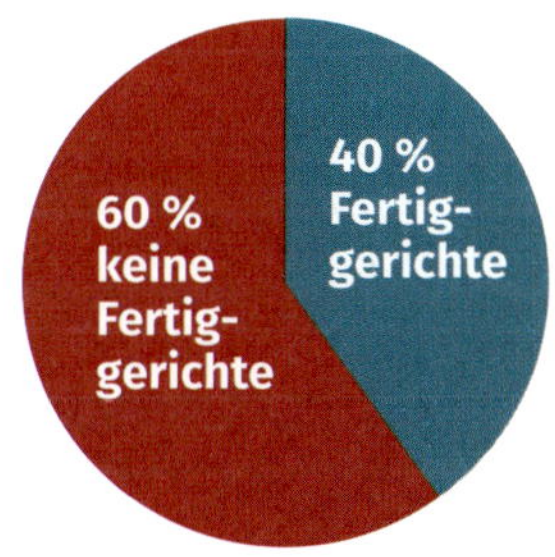

9 Zeit, etwas zu ändern?

a Was möchten Sie in Zukunft anders machen? Schreiben Sie.

Ich möchte in Zukunft weniger rauchen und etwas mehr Sport machen. Dann möchte ich auch mehr Obst essen und weniger Fast Food. Vielleicht mache ich auch einen Kochkurs oder ich frage meine Krankenkasse, ob sie Gesundheitskurse oder eine Ernährungsberatung anbietet ...

b Lesen Sie den Text Ihrer Partnerin / Ihres Partners. Arbeiten Sie dann mit einer weiteren Person und erzählen Sie ihr, was Sie gelesen haben.

c Sie möchten einen Kurs machen. Vielleicht bezahlt ihn Ihre Krankenkasse?
Sie brauchen mehr Informationen. Schreiben Sie einen Brief an Ihre Krankenkasse.
Schreiben Sie etwas zu folgenden Punkten.

- Kurs (Gesundheit / Sport / Kochen / spezielle Kurse z. B. für Diabetiker ...)
- Kosten
- Termine
- Institutionen

Sprachbausteine

Ernährungsstile

glutenfrei, laktosefrei, vegan, vegetarisch
das Bioprodukt, das Fastfood, das Fertiggericht, das frische Essen, das industriell hergestellte Lebensmittel, der Zusatzstoff

Lebensmittel

das Milchprodukt, das Getreide, das tierische/pflanzliche Produkt, das Süße, das Fett, der Nährstoff, die Hülsenfrucht

Verben

achten auf
allergisch sein auf/gegen
bestehen aus
sich bewusst/gesund ernähren
enthalten
erkennen an
sich Gedanken machen über
Geld ausgeben für
(bewusst) genießen
kochen für
leiden an/unter
probieren
vertragen
verzichten auf
zubereiten aus

Grammatik

Konjunktiv II der Vergangenheit (*sein/haben* im Konkunktiv II + Partizip II)

Wäre ich doch viel früher Vegetarierin **geworden**.
Ich **hätte** nicht **gedacht**, dass in Fertiggerichten so viele Zusatzstoffe enthalten sind.

Präpositionaladverbien

Fragewort	Präpositionaladverbien	Präposition
Wo**für**	da**für**	**für**
Wo**mit**	da**mit**	**mit**
Wo**rauf**	da**rauf**	**auf**
Wo**rüber**	da**rüber**	**über**
Wo**raus**	da**raus**	**aus**
Wo**von**	da**von**	**von**
Wo**ran**	da**ran**	**an**
Wo**rum**	da**rum**	**um**

Folgt eine Präposition mit Vokal oder Umlaut am Anfang (auf, über, aus, an, um) wird ein **r** eingefügt.

Indefinitpronomen *irgend-*

irgendwelche, irgendwann, irgendwo, irgendwie, irgendwer, irgendwas

Indefinitpronomen für Personen: *jemand/niemand*

Wer? Nominativ	Wen? Akkusativ	Wem? Dativ
niemand	niemanden	niemandem
jemand	jemanden	jemandem

11

Gut versichert!

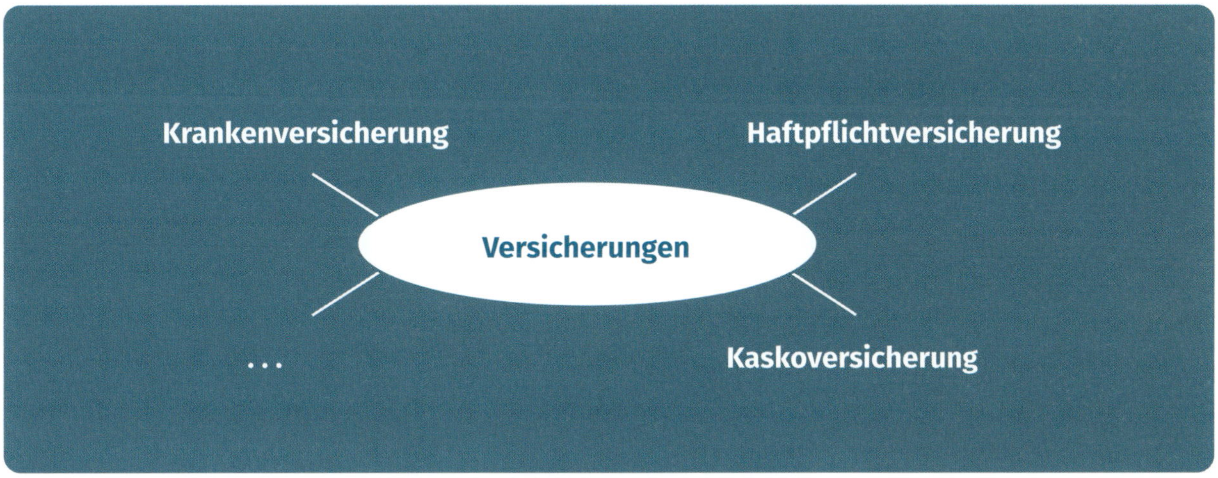

1 Die richtige Versicherung

a Ella und Martin Krüger haben sich ein Auto gekauft. Bevor sie es zulassen können, brauchen sie noch die richtige Versicherung. Lesen Sie den Text und entscheiden Sie, ob die Aussagen richtig oder falsch sind.

Die Kfz-Haftpflichtversicherung

Wer mit seinem Auto, Mofa oder Motorrad auf der Straße unterwegs ist, braucht eine Kfz-Haftpflichtversicherung. Sie ist gesetzlich vorgeschrieben und kommt für Sach- und Personenschäden auf, die Sie im Straßenverkehr verursachen. Wenn Sie zum Beispiel bei Rot über die Ampel fahren und mit einem Auto zusammenstoßen, zahlt Ihre Haftpflichtversicherung für die Reparatur des anderen Autos. Wenn der Fahrer bei dem Unfall verletzt wird, übernimmt sie auch die Kosten für die ärztliche Behandlung. Für Schäden an Ihrem eigenen Fahrzeug kommt die Haftpflichtversicherung dagegen nicht auf.

Die Versicherung zahlt.

Man sagt auch:
... **kommt** für den Schaden **auf**.
... **deckt** den Schaden **ab**.
... **reguliert** den Schaden.
... **übernimmt** die Kosten.

Die Kaskoversicherung

Die Kaskoversicherung ist eine freiwillige Zusatzversicherung, die Schäden an Ihrem eigenen Fahrzeug abdeckt. Bei der Kaskoversicherung können Sie zwischen Teil- und Vollkasko wählen. Die Teilkasko kommt für Schäden auf, die durch Hagel, Feuer, Überschwemmung oder Sturm entstehen (z. B., wenn ein umfallender Baum ihr Auto beschädigt). Sie zahlt aber auch bei Diebstahl oder Einbruch. Die Vollkasko bietet einen noch größeren Versicherungsschutz, sie ist aber auch teurer. Deshalb sollte man sich gut überlegen, ob eine Vollkaskoversicherung sinnvoll ist.

		✓	✗
1	Die Kfz-Haftpflichtversicherung ist freiwillig.	☐	☐
2	Die Haftpflichtversicherung zahlt nicht für die Reparatur Ihres eigenen Autos.	☐	☐
3	Wenn Ihr Auto durch ein Unwetter beschädigt wird, zahlt die Kaskoversicherung.	☐	☐
4	Wenn Ihr Auto gestohlen wird, gibt es kein Geld von der Kaskoversicherung.	☐	☐
5	Jeder Autofahrer sollte eine Vollkaskoversicherung haben.	☐	☐

b Was bedeuten diese Wörter? Verbinden Sie.

1 **beschädigen**
2 **Sachschaden**
3 **Personenschaden**
4 **Diebstahl**
5 **aufkommen für**

a eine verletzte Person
b wenn jemand etwas nimmt, das ihm nicht gehört
c wenn die Versicherung die Kosten übernimmt
d etwas kaputt machen
e eine kaputte Sache

Ein beschädigtes Fahrrad

2 Neu oder gebraucht?

a Ella erzählt einer Freundin von ihrem neuen Auto. Hören und ergänzen Sie. 18

gebrauchtes | neues

Marlene: Martin hat erzählt, dass ihr ein .... Auto gekauft habt.

Ella: Na ja, es ist ein .... Auto, aber für uns ist es neu. Jetzt brauchen wir nur noch die richtige Versicherung, und dann können wir losfahren!

b Schreiben Sie wie im Beispiel.

Auto + brauchen:	ein Auto, das **gebraucht** ist	=	ein **gebrauchtes** Auto
Tür + öffnen:	eine Tür, die **geöffnet** wurde	=	eine **geöffnete** Tür

ein Auto, das **gestohlen** wurde = *ein gestohlenes Auto*

1 ein Fenster, das **geöffnet** wurde = ...

2 eine Frau, die **verletzt** wurde = ...

3 ein Baum, der **umgefallen** ist = ...

4 ein Einbrecher, der **gesucht** wird = ...

5 Preise, die **gestiegen** sind = ...

6 ein Fahrer, der **betrunken** ist = ...

c Was passt zusammen? Schreiben Sie sinnvolle Möglichkeiten auf.

Beispiele: *ein gestohlenes Fahrrad, ein umgefallenes Fahrrad, ein verlorener Schlüssel etc.*

(das) Fahrrad | (der) Schlüssel | (die) Tür | (der) Dieb | (der) Computer | (die) Person | (das) Auto | (der) Gebrauchtwagen | (das) Dach

beschädigen | stehlen | verlieren | schließen | reparieren | waschen | suchen | finden | umfallen | verletzen | kaufen

d Ergänzen Sie die Endungen im Dativ und Akkusativ.

1 Der Rettungswagen hat den verletzt........ Fahrer ins Krankenhaus gebracht.

2 Der Dieb ist mit dem gestohlen........ Auto weggefahren.

3 Der Einbrecher ist durch die geöffnet........ Balkontür ins Haus gekommen.

4 Die Versicherung übernimmt die Kosten für das beschädigt........ Dach.

5 Das Auto wurde von einem betrunken........ Motorradfahrer beschädigt.

TIPP

Wenn Sie bei den Endungen noch einige Fehler machen, ist das nicht schlimm. Übung macht den Meister!

3 Gut, besser, Traumauto!

a Wie heißen die Autos? Schreiben Sie die Begriffe unter die Bilder.

der Kleinwagen | das SUV | der Oldtimer | der Sportwagen

„SUV“** (Sport Utility Vehicle)* und ***„Oldtimer“ kommen aus dem Englischen.

1 ....

2 ....

3 ....

4 ....

b Vergleichen Sie die Autos. Die Wörter im grauen Kasten helfen Ihnen. Sie können auch andere Wörter verwenden.

PS = Pferdestärke; Leistung des Autos

▶ Das SUV **hat mehr PS als** der Kleinwagen.

▷ Der Kleinwagen ist aber viel **preiswerter.**

groß/klein	viel PS/wenig PS
viel Platz/wenig Platz	schnell/langsam
günstig, preiswert/teuer	alt/neu

4 Je billiger, desto besser?

19 **a** Ella und Martin vergleichen verschiedene Autoversicherungen im Internet. Hören Sie und kreuzen Sie an. Wer sagt was?

		Ella	Martin
1	Je mehr Angebote ich lese, desto unsicherer werde ich.	☐	☐
2	Je preiswerter, desto besser.	☐	☐
3	Je schneller, umso besser.	☐	☐
4	Je länger ich darüber nachdenke, umso besser gefällt mir die Idee.	☐	☐

Je mehr Angebote ich lese, **desto** besser bin ich informiert.
Je mehr, **desto** besser.

Sie können auch ***umso*** statt ***desto*** sagen.

b Sehen Sie sich noch einmal die Autos in Übung 3a an. Wie würden Sie Ihr Traumauto beschreiben? Bilden Sie Sätze mit *je ..., desto ....*

*Mein Traumauto soll klein sein: **je** kleiner, **desto** besser.*

Wieso???

Dann finde ich leichter eine Parklücke.

c Arbeiten Sie zu dritt. Zwei Personen diskutieren und beschreiben noch einmal ihr Traumauto. Sie haben unterschiedliche Meinungen. Die dritte Person hilft bei der Kommunikation.

Warum??? So ein Auto finde ich überhaupt nicht praktisch.

Ich finde beide Autos sehr praktisch, weil ...

d Wie können Sie die Sätze 1 bis 5 beenden? Ordnen Sie zu. Es gibt mehrere Möglichkeiten.

1 Je mehr PS das Auto hat,
2 Je schneller du fährst,
3 Je kleiner das Auto ist,
4 Je früher du losfährst,
5 Je schlechter das Wetter ist,

a desto leichter findet man einen Parkplatz.
b desto teurer ist die Versicherung.
c desto größer ist die Unfallgefahr.
d desto mehr Zeit hast du.
e desto vorsichtiger sollte man fahren.
f desto höher ist der Benzinverbrauch.
g desto eher kommst du an.

e Schreiben Sie Sätze mit *je ...., desto* über sich.

1 Je länger ich in Deutschland lebe, ...
2 Je älter ich werde, ...
3 Je schöner das Wetter ist, ...
4 Je ....

5 Bei der Versicherung

a Ella und Martin sprechen mit einer Beraterin der Versicherung. Hören Sie Teil 1 des Gesprächs und beantworten Sie die Fragen. 20

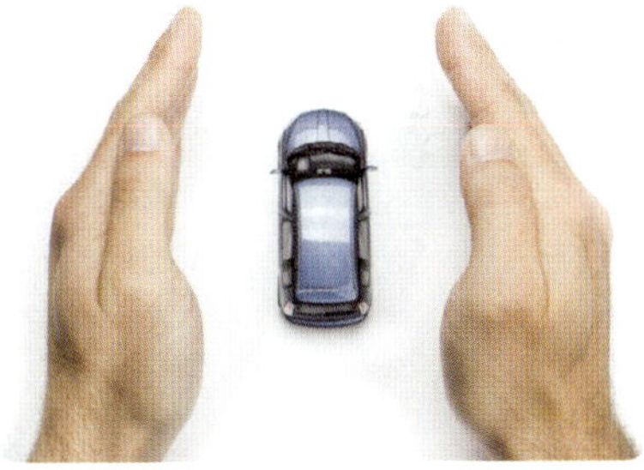

1 Wie viel PS hat das Auto von Ella und Martin?
2 Wozu brauchen Ella und Martin das Auto?
3 Wie viele Kilometer werden sie voraussichtlich im Jahr fahren?
4 Wo werden sie das Auto parken?

b Ella und Martin haben sich entschieden, eine Haftpflichtversicherung abzuschließen. Hören Sie jetzt Teil 2 des Gesprächs. Was ist richtig: a, b oder c? 21

Die Beraterin empfiehlt,

a ☐ eine Teilkaskoversicherung abzuschließen.
b ☐ eine Vollkaskoversicherung abzuschließen.
c ☐ zwei Zusatzversicherungen abzuschließen.

> eine Versicherung abschließen, kündigen

> sich lohnen
> Das lohnt sich (nicht).

c Rollenspiel „Bei der Versicherung“

TN A Sie haben Ihr Traumauto gekauft und möchten eine Versicherung dafür abschließen.
TN B Sie sind Versicherungsberaterin/Versicherungsberater. Stellen Sie Fragen wie in Übung 5a. Fragen Sie auch nach der Automarke und dem Modell.

6 Die Stoßstange ist kaputt.

Was ist das? Ergänzen Sie.

der Blinker | der Kofferraum | die Motorhaube | das Nummernschild | das Rad/der Reifen | das Rücklicht | ~~die Rückscheibe~~ | der Scheinwerfer | der Außenspiegel | ~~die Stoßstange~~ | die Tür | die Windschutzscheibe

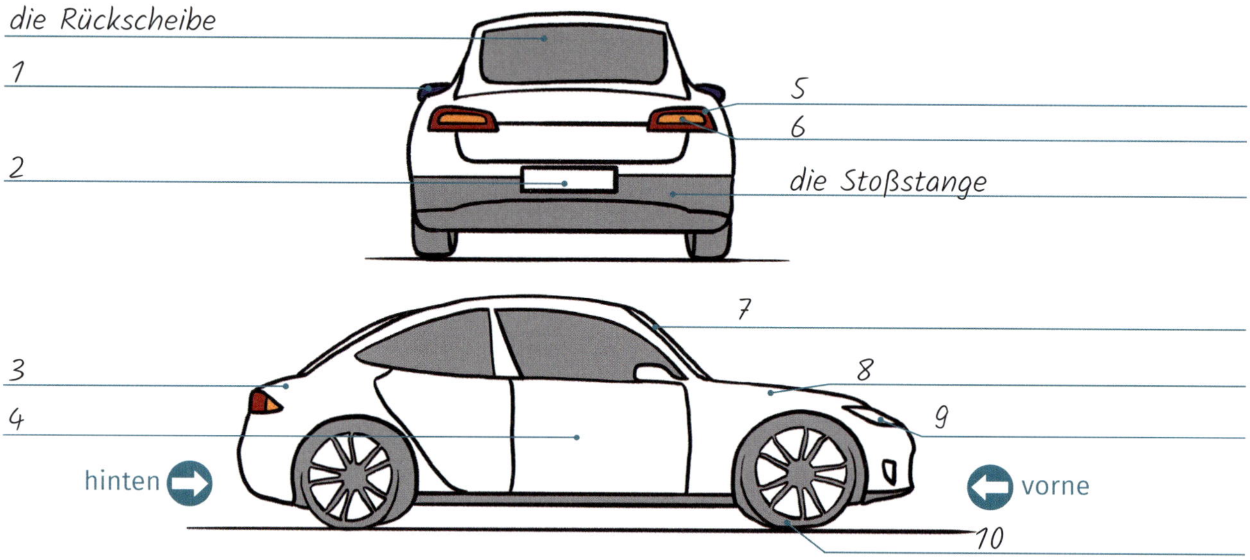

7 So ein Pech!

Lesen Sie die drei Geschichten und erzählen Sie mit Ihren eigenen Worten:
Wann/Wie ist der Unfall passiert? Welchen Schaden haben Nikolas, Sandra und Malik verursacht?

Nikolas:
Am letzten Freitag wollte ich meine Freundin mit einem romantischen Abendessen überraschen. Ich hatte für 19 Uhr einen Tisch bei unserem Lieblingsitaliener reserviert. Normalerweise habe ich freitags früh Feierabend, aber an diesem Tag war ich richtig spät dran. Um kurz vor sieben rannte ich aus dem Büro und zu meinem Auto, das ich auf dem Parkplatz der Firma geparkt hatte. Ich startete den Motor und fuhr mit quietschenden Reifen rückwärts aus der Parklücke, als ich plötzlich ein lautes KRATSCH hörte. Ich hatte wohl nicht aufgepasst und versehentlich das Nachbarauto angefahren. Es hat jetzt einen Kratzer an der hinteren Stoßstange. Kein großer Schaden, aber trotzdem ärgerlich: Das Auto gehört nämlich meinem Chef!

Sandra:
Ich habe vor zwei Wochen eine Freundin besucht, die in einem kleinen Dorf in der Schweiz wohnt. Morgens wollte ich sie überraschen und frische Brötchen vom Bäcker holen. Ich fuhr sehr vorsichtig, denn in der Nacht davor hatte es geschneit und die Straßen waren glatt. Auf einem Hügel begann mein Auto plötzlich zu rutschen. Ich konnte nicht mehr lenken und auch nicht bremsen. Am Ende der Straße krachte ich in ein Auto, das am Straßenrand geparkt war. Der Schaden war ziemlich groß: Beide Türen auf der Fahrerseite waren kaputt und der Außenspiegel auch.

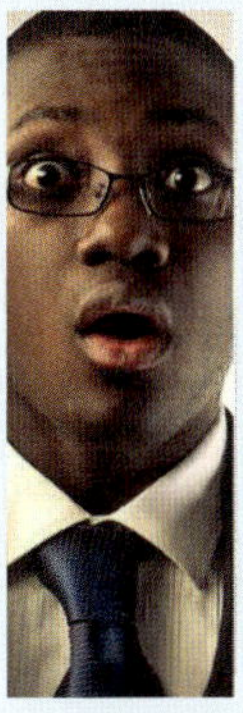

Malik:
Letzten Monat wurde in meiner Stadt ein neuer Golfplatz eröffnet. Ich wollte schon immer Golf spielen und meldete mich zu einem Schnupperkurs an. Nach dem ersten Tag war ich total frustriert, weil ich keinen einzigen Ball getroffen hatte. Am zweiten Tag war ich auch nicht sehr optimistisch. Ich legte den Golfball auf den kleinen Plastikstift, der im Boden steckt, und schwang den Schläger. Der Ball flog und flog. Ich hatte tatsächlich getroffen! Leider dauerte meine Freude darüber nicht lange an. Der Golfball flog auf den Parkplatz und landete mitten auf der Windschutzscheibe eines geparkten Autos. Die Scheibe war natürlich kaputt. Zum Glück habe ich eine Versicherung, aber zum Golfspielen habe ich jetzt keine Lust mehr.

8 Was war passiert?

a Lesen Sie die Texte in Übung 7 noch einmal und ergänzen Sie.

1 Nikolas wollte mit seiner Freundin essen gehen. Davor hatte er einen Tisch ....
2 Die Straßen waren glatt. In der Nacht davor .... es ....
3 Malik war frustriert, weil er keinen einzigen Ball ....

b Sehen Sie sich die Beispiele an und ergänzen Sie die Sätze.

> Als ich zum Parkplatz kam, war mein Auto nicht mehr da. Jemand **hatte** es **gestohlen**.
>
> Als Nikolas nach Hause kam, war seine Freundin nicht da. Sie **war** ins Kino **gegangen**.

1 Die Straße war nass. Es *hatte* den ganzen Vormittag *geregnet* (regnen).
2 Warum ist der Unfall passiert? – Der Fahrer .... Alkohol .... (trinken).
3 Als ich zum Bahnhof kam, war der Zug weg. Er .... schon .... (abfahren).
4 Wir konnten das Auto nicht kaufen. Wir .... nicht genug Geld .... (sparen).
5 Als ich nach Hause kam, sah ich, dass jemand .... (einbrechen).
6 Er musste den Schaden selbst bezahlen. Er .... vorher keine Versicherung .... (abschließen).

9 Wie ist das passiert?

a Ella und Martin hatten mit ihrem Auto einen kleinen Unfall. Sehen Sie sich das Foto und die Wörter im Kasten an. Überlegen Sie, was passiert ist, und schreiben Sie die Geschichte auf.

> gestern Abend, Supermarkt, eingekauft, Parkplatz, Parklücke, dunkel, Regen, Auto angefahren

b Ella meldet den Schaden bei der Versicherung. Hören Sie und vergleichen Sie Ellas Geschichte mit Ihrer Geschichte. Welche Unterschiede gibt es? 22

> versehentlich ≠ absichtlich

Sprachbausteine

Die Autoversicherung

eine Versicherung abschließen, die Kfz-Haftpflichtversicherung, die Kaskoversicherung (Vollkasko, Teilkasko), für den Schaden aufkommen, den Schaden abdecken, den Schaden regulieren, die Kosten übernehmen, der Sachschaden, der Personenschaden

Autoteile

der Blinker, der Kofferraum, die Motorhaube, das Nummernschild, das Rad, der Reifen, das Rücklicht, die Rückscheibe, der Scheinwerfer, der Spiegel, die Stoßstange, die Tür, die Windschutzscheibe

Einen Schaden melden

Wann/wo ist der Unfall passiert? – Gestern um 19.30 Uhr in der Mühlenstraße.

Wie ist der Unfall passiert? – Ich habe beim Einparken versehentlich ein anderes Auto angefahren.

Welcher Schaden ist entstanden? – In der hinteren Stoßstange ist ein Kratzer.

Wie hoch ist der Schaden? – Etwa 300 Euro.

Erzählen, was passiert ist

Ich war gerade .../Ich wollte gerade ...
Als ich .../Nachdem ich .../Und dann ...
Plötzlich ...

Grammatik

Zweiteilige Konjunktionen: *Je ... desto/umso*

Ich liebe Sportwagen: **je** schneller, **desto** besser.

Je schneller du fährst, umso größer **ist** das Unfallrisiko.

	haben + Partizip II		sein + Partizip II	
ich	hatte	getrunken geparkt	war	passiert gefahren
du	hattest		warst	
er/sie/es	hatte		war	
wir	hatten		waren	
ihr	hattet		wart	
sie/Sie	hatten		waren	

Der Fahrer hatte Alkohol getrunken. Deshalb **passierte** der Unfall.

Der Unfall war schon passiert, als ich **ankam**.

	Singular			Plural
	maskulin	**feminin**	**neutral**	
Nominativ	**ein** gestohlener Computer	**eine** gestohlene Tasche	**ein** gestohlenes Auto	gestohlene Autos
Akkusativ	**einen** gestohlenen Computer	**eine** gestohlene Tasche	**ein** gestohlenes Auto	gestohlene Autos
Dativ	**einem** gestohlenen Computer	**einer** gestohlenen Tasche	**einem** gestohlenen Auto	gestohlenen Autos

Fit für die Prüfung

In dieser Lektion lernen Sie den Deutsch-Test für Zuwanderer kennen. Sie trainieren alle Prüfungsteile und erhalten wichtige Tipps.

- Hören: 4 Aufgaben
- Lesen: 5 Aufgaben
- Schreiben: 2 Aufgaben zur Auswahl
- Sprechen: 3 Aufgaben

Die schriftliche Prüfung beginnt immer mit dem Teil „Hören“.
Dieser Prüfungsteil dauert 25 Minuten.
Im Teil „Hören“ gibt es vier Aufgaben:

1 Ansagen verstehen

23

Sie hören zwei Ansagen auf einem Anrufbeantworter. Zu jeder Ansage gibt es eine Aufgabe. Hören Sie die Ansagen und markieren Sie die richtige Lösung: a, b oder c.

1 Sie sollen
- a ☐ einen neuen Termin machen.
- b ☐ heute Nachmittag den Arzt anrufen.
- c ☐ morgen Vormittag in die Praxis kommen.

2 Maria bittet Sie,
- a ☐ ihr beim Kuchenbacken zu helfen.
- b ☐ im Supermarkt einen Kuchen zu kaufen.
- c ☐ Kuchen vom Bäcker mitzubringen.

In der Prüfung hören Sie vier Ansagen. Sie hören außerdem ein Beispiel.

TIPP

Nutzen Sie die Zeit zwischen den Ansagen, indem Sie sich die Antwortmöglichkeiten für die nächste Aufgabe durchlesen. So finden Sie schneller die richtige Lösung.

2 Wichtige Meldungen verstehen

24

Sie hören zwei Ansagen aus dem Radio (einen Wetterbericht, einen Programmhinweis, eine Verkehrsmeldung etc.).

Zu jeder Ansage gibt es eine Aufgabe. Welche Lösung (a, b oder c) passt am besten?

3 Am späten Nachmittag wird es voraussichtlich
- a ☐ bewölkt sein.
- b ☐ etwas regnen.
- c ☐ sonnig sein.

4 Wann können Sie etwas mit Kindern unternehmen?
- a ☐ am Freitag
- b ☐ am Samstag
- c ☐ am Sonntag

In der Prüfung hören Sie fünf Ansagen.

TIPP

Hören Sie immer bis zum Schluss zu. Die Information, die Sie für die Lösung brauchen, kann am Anfang, in der Mitte oder am Ende gesagt werden.

3 Gespräche im Alltag verstehen

Sie hören ein Gespräch. Zu dem Gespräch gibt es zwei Aufgaben. 25

Markieren Sie, ob die Aussage dazu richtig oder falsch ist und welche Antwort (a, b oder c) am besten passt.

5 Beide Personen wollen ins Stadtzentrum fahren.
☐ richtig ☐ falsch

6 Der Mann schlägt vor,
a ☐ an der Mozartstraße auszusteigen.
b ☐ am Schlossplatz auszusteigen.
c ☐ am Tierpark auszusteigen.

TIPP

Sie müssen nicht jedes Wort verstehen.

Achten Sie auf die Information, die für die Lösung der Aufgabe wichtig ist.

In der Prüfung hören Sie vier Gespräche. Sie hören außerdem ein Beispiel.

4 Meinungen verstehen

Sie hören Aussagen zu einem Thema. 26

Welcher der Sätze a–e passt zu den Aussagen 7–9? Lesen Sie jetzt die Sätze a–e. Dazu haben Sie eine Minute Zeit. Danach hören Sie die Aussagen.

7	a ☐	b ☐	c ☐	d ☐	e ☐
8	a ☐	b ☐	c ☐	d ☐	e ☐
9	a ☐	b ☐	c ☐	d ☐	e ☐

a Wer einen Hund hat, lernt leichter Leute kennen.
b Hunde bringen Spaß und Lebensfreude.
c Hunde helfen uns, gesund zu bleiben.
d Hunde kosten Zeit und Geld.
e Man sollte keine Hunde in Stadtwohnungen halten.

TIPP

Zuerst lesen, dann hören.

In der Prüfung hören Sie auch drei Meinungen. Sie hören außerdem ein Beispiel.

TIPP

Laden Sie einen kostenlosen Übungstest herunter und probieren Sie den Teil „Hören" im Unterricht oder zu Hause aus.

Markieren Sie dabei Ihre Lösungen auf dem Antwortbogen S30. Er ist im Übungstest enthalten. Wenn Sie schon wissen, wie Sie den Antwortbogen ausfüllen müssen, sparen Sie in der Prüfung Zeit.

Der zweite Teil der schriftlichen Prüfung ist „Lesen". Sie haben für diesen Teil 45 Minuten Zeit. Es gibt fünf Aufgaben.

TIPP

Hier lernen Sie die verschiedenen Aufgaben im Teil „Lesen" kennen. In der Prüfung sind die Texte und Aufgaben etwas länger.

1 Informationen in Listen verstehen

In der ersten Aufgabe sollen Sie Informationen in einer Liste finden (z. B. in einem Katalog, einem Wegweiser oder einer Programmzeitschrift). Hier ist ein Beispiel: Sie informieren sich in der Programmzeitschrift über das Fernsehprogramm. Lesen Sie die Situationen 10 und 11 und die Liste mit den Fernsehsendungen. Wann kommt die Sendung, die Sie sehen möchten?

10 Sie möchten eine Kochsendung sehen.
a ☐ am Dienstag b ☐ am Mittwoch c ☐ an einem anderen Tag

11 Sie wollen etwas über deutsche Geschichte lernen.
a ☐ am Montag b ☐ am Donnerstag c ☐ an einem anderen Tag

	Die TV-Highlights der Woche
Montag	*Das alte Rom* – Geschichtsdoku (18:15), *Tod in Berlin* – Krimiserie (19:30)
Dienstag	*Der verlorene Brief* – Kinderkrimi (16:00), *Wie gesund ist Gemüse?* – Reportage (20:15)
Mittwoch	*Hinter der Mauer* – Doku über das Leben im geteilten Berlin (19:30), *Teufels Küche* – Simon Teufel zeigt, wie man leckere Fischgerichte zubereitet (21:15)
Donnerstag	*Winter in Deutschland* – Naturdoku (18:00), *Liebes Leben* – Komödie (20:15), *Immer auf Tour* – Reportage über das Leben der Rockstars (21:45)
Freitag	*Sport Live* – Skispringen in Oslo (15:30), *Das Geisterschiff* – Horrorfilm (22:10)

2 Informationen in Zeitungsanzeigen verstehen

In der zweiten Aufgabe sollen Sie passende Zeitungsanzeigen für mehrere Situationen finden. Finden Sie für jede Situation die passende Anzeige. Für eine Situation gibt es keine Lösung. Markieren Sie in diesem Fall ein x.

12 Sie möchten ein Kinderfahrrad kaufen. a ☐ b ☐ x ☐

13 Der Reifen an Ihrem Fahrrad ist kaputt. Sie möchten ihn reparieren lassen. a ☐ b ☐ x ☐

14 Sie möchten im Winter Rad fahren und suchen warme Handschuhe. a ☐ b ☐ x ☐

a

Schnell und preiswert! Fahrradreinigung, jährliche Inspektion, Reparatur. Kommen Sie einfach mit Ihrem Fahrrad vorbei. Wir sehen es uns gemeinsam an und besprechen, was zu tun ist.
Kalles Fahrradwerkstatt, Grenzstraße 49 (Hinterhof)
Mo–Fr 9.00–13.00 Uhr & 14.00–18.00 Uhr

b

Große Auswahl, kleine Preise
Neue und gebrauchte Fahrräder für Damen und Herren. Alle Top-Marken.
Außerdem: Fahrradbekleidung vom Helm bis zum Schuh. Jetzt bis zu 50 % reduziert!
Ihr Fahrrad-Discounter. Universitätsstr. 106

3 Verschiedene Texte verstehen

In dieser Aufgabe lesen Sie drei Texte. Zu jedem Text gibt es zwei Aufgaben. Entscheiden Sie bei jedem Text, ob die Aussage richtig oder falsch ist und welche Antwort (a, b oder c) am besten passt.

Malen für die Umwelt
Auch in diesem Jahr gibt es wieder einen Malwettbewerb zum Thema *Umwelt* für Kinder von 6 bis 12 Jahren. Die zehn schönsten Bilder werden vom 1. bis 30. November in der Stadtbücherei ausgestellt. Außerdem gibt es tolle Preise zu gewinnen. Macht also mit! Es lohnt sich.

Hinweis für die Eltern: Bitte nur jeweils ein Bild von einem Kind und nur Originalwerke der kleinen Künstler (keine Fotos) einschicken. Die Bildgröße sollte DIN A4 oder größer sein. Mit der Einsendung bestätigen Sie, dass Ihr Kind das Bild selbst gemalt und gestaltet hat. Einsendeschluss ist der 30. September.

15 Der Text ist eine Einladung zu einer Ausstellung. ☐ richtig ☐ falsch

16 Man soll
a ☐ das Bild bis zum 30. November einschicken.
b ☐ das Thema des Bildes selbst aussuchen.
c ☐ nur ein Bild pro Kind einschicken.

4 Informationsbroschüren verstehen

In dieser Aufgabe sollen Sie einen Text lesen, der einige schwierige Wörter enthält (z. B. eine Produktinformation oder eine Packungsbeilage für Medikamente).
Lesen Sie den Text. Entscheiden Sie, ob die Aussagen 17 und 18 richtig oder falsch sind.

Multi-V enthält alle wichtigen Vitamine und Mineralstoffe, die Ihr Körper braucht. Bereits eine Tablette am Tag stärkt Ihr Immunsystem und schützt vor Erkältungen und grippalen Infekten.
Dieses Arzneimittel ist nicht verschreibungspflichtig. Es ist frei verkäuflich. Lesen Sie sich die Packungsbeilage sorgfältig durch, denn sie enthält wichtige Informationen für Sie. Fragen Sie Ihren Apotheker, wenn Sie weitere Informationen benötigen.

Anwendung, Dosierung und Einnahme
Erwachsene und Kinder ab 12 Jahren nehmen einmal täglich eine Tablette mit etwas Flüssigkeit ein – am besten nach einer Mahlzeit.
Hinweise: Multi-V ist kein Ersatz für eine gesunde und abwechslungsreiche Ernährung. Die angegebene Tagesdosis darf nicht überschritten werden.

17 Sie müssen sich Multi-V vom Arzt verschreiben lassen. ☐ richtig ☐ falsch

18 Sie sollten etwas essen, bevor Sie Multi-V einnehmen. ☐ richtig ☐ falsch

5 Wörter in einem Brief ergänzen

In der letzten Aufgabe sollen Sie einen Brief oder eine E-Mail ergänzen. Lesen Sie den Beispieltext und schließen Sie die Lücken. Welche Lösung (a, b oder c) passt am besten?

Sehr geehrter Herr Farhan,
vielen Dank für Ihre Anmeldung zum Kurs „Deutsch für den Beruf". ……19…… müssen wir Ihnen mitteilen, ……20…… der Kurs am Dienstagabend bereits ausgebucht ist. Der ……21…… Kurs wird aber auch am Montagnachmittag von 14.30–16.00 Uhr angeboten. Da ……22…… noch Plätze frei. Teilen Sie uns doch bitte mit, ……23…… Sie sich für diesen Kurs anmelden möchten.
Mit freundlichen Grüßen
Ihre Volkshochschule

19	20	21	22	23
a ☐ Deshalb	a ☐ dass	a ☐ andere	a ☐ hätten	a ☐ bevor
b ☐ Leider	b ☐ ob	b ☐ gleiche	b ☐ wären	b ☐ indem
c ☐ Vielleicht	c ☐ warum	c ☐ letzte	c ☐ würden	c ☐ ob

Der letzte Teil der schriftlichen Prüfung ist „Schreiben".
In der Schreibaufgabe sollen Sie einen Brief oder eine E-Mail schreiben. Sie haben dafür 30 Minuten Zeit.

1 Aufgabe auswählen

Auf dem Aufgabenblatt sind zwei Aufgaben.
Sie sollen **EINE** davon bearbeiten.

TIPP

Nehmen Sie nicht automatisch die erste Aufgabe.
Lesen Sie beide Aufgaben langsam (!) durch.

Entscheiden Sie dann: Zu welcher Aufgabe fällt Ihnen mehr ein?
Welche Aufgabe verstehen Sie besser?

Ein Brief oder eine E-Mail beginnt immer mit einer Anrede und endet mit einem Gruß.

Aufgabe A

Sie haben im Zug Ihre Tasche vergessen. Sie schreiben eine E-Mail an die Bahn.

Schreiben Sie etwas über folgende Punkte. Vergessen Sie nicht die Anrede und den Gruß.

- Grund für Ihr Schreiben
- Tasche beschreiben
- Inhalt der Tasche
- Wie Sie erreichbar sind

Aufgabe B

Sie haben ein Jobangebot gesehen. Sie schreiben einen Brief an den Arbeitgeber, Herrn Schönefeld.

Schreiben Sie etwas über folgende Punkte. Vergessen Sie nicht die Anrede und den Gruß.

- Grund für Ihr Schreiben
- Berufserfahrung
- Warum Sie der Job interessiert
- Wie Sie erreichbar sind

Welche Anrede/Welcher Gruß passt in diesen Situationen?

TIPP

Manchmal gibt es mehrere Möglichkeiten. Merken Sie sich für die Prüfung jeweils EINE. Dann kommen Sie nicht durcheinander.

1 Sie schreiben an eine Freundin/einen Freund.

Anrede: ....

Gruß: ....

2 Sie schreiben an eine Person, die Sie nicht gut kennen (z. B. Ihre neue Vermieterin/Ihren neuen Vermieter).

Mann Anrede: ....

Gruß: ....

Frau Anrede: ....

Gruß: ....

3 Sie schreiben an jemanden, den Sie nicht persönlich kennen. Sie wissen auch nicht, wie er oder sie heißt.

Anrede: ....

Gruß: ....

TIPP

Schreiben Sie an die Person, die in der Aufgabe genannt wird, zum Beispiel an Ihre Lehrerin, den Hausmeister usw.

2 Briefe und E-Mails schreiben

Sie können sich gut auf die Schreibaufgabe vorbereiten, indem Sie viele Briefe und E-Mails schreiben. Am besten fangen Sie gleich an: Bearbeiten Sie eine der beiden Aufgaben (A oder B) auf der vorherigen Seite. Nehmen Sie sich – genau wie in der Prüfung – eine halbe Stunde Zeit. Vergleichen Sie dann im Kurs.

Weitere Schreibaufgaben finden Sie in telc Übungstests.

TIPP

So sammeln Sie Punkte in der Prüfung:
- ✓ Schreiben Sie einen Text, der zur Aufgabe passt.
- ✓ Schreiben Sie zu allen vier Punkten in der Aufgabe so, dass es zur Aufgabe passt.
- ✓ Kleine Schreib- oder Grammatikfehler sind nicht schlimm. Wichtig ist, dass die Leserin oder der Leser versteht, was Sie sagen wollen. Schreiben Sie möglichst viel.

3 Rechtschreibung üben

Ihre Kursleiterin/Ihr Kursleiter diktiert Ihnen einen Brief. Schreiben Sie den Text auf ein Blatt Papier. Wenn Sie fertig sind, vergleichen Sie Ihren Text mit dem Text im Buch. Markieren Sie die Schreibfehler.

TIPP

Versuchen Sie, Wörter, die Sie oft benutzen, richtig zu schreiben.

Die mündliche Prüfung machen Sie mit einer anderen Teilnehmerin/einem anderen Teilnehmer zusammen. Sie sind also nicht allein. Außerdem sind zwei Prüferinnen/Prüfer dabei, die Sie durch die Prüfung leiten. Die mündliche Prüfung dauert etwa 15 Minuten. Es gibt drei Aufgaben:

1 Über sich sprechen

Die erste Aufgabe ist: „Erzählen Sie etwas über sich".
Sie bekommen ein Aufgabenblatt, das so aussieht:

Name
Geburtsort
Wohnort
Arbeit/Beruf
Familie
Sprachen

Die Wörter auf dem Aufgabenblatt sollen Ihnen Ideen geben. Wenn Sie noch andere Ideen haben, über die Sie sprechen möchten (z. B. Ihre Hobbys), dann ist das auch in Ordnung.

Zu zweit: Spielen Sie die Aufgabe im Kurs mehrmals durch, am besten mit unterschiedlichen Partnerinnen/Partnern.

TIPP

Aufgabe 1 ist in jeder Prüfung gleich. Das heißt, Sie können sich vorher in Ruhe überlegen, was Sie sagen möchten.

2 Über Erfahrungen sprechen

In der zweiten Aufgabe bekommen Sie ein Aufgabenblatt mit einem Foto. Ihre Partnerin/Ihr Partner hat ein anderes Foto. Erzählen Sie zuerst, was Sie auf dem Foto sehen. Beantworten Sie dann die Fragen der Prüferin/des Prüfers.

Zu zweit: Auf der nächsten Seite finden Sie zwei Fotos.

a Teilnehmer/in A beschreibt das obere Foto, Teilnehmer/in B das untere. Erzählen Sie, was Sie auf dem Bild sehen (z. B. Was für eine Situation zeigt das Foto? Wo sind die Leute? Was machen sie? Wie sehen sie aus? Welche Gegenstände sind da?). Wenn Sie unsicher sind, dürfen Sie auch raten (Vielleicht sind die Leute .../Ich glaube .../Ich denke ...).

b Unter den Fotos finden Sie einige Fragen. Fragen Sie und antworten Sie abwechselnd. (In der Prüfung stellt die Prüferin/der Prüfer die Fragen.)

3 Etwas planen

In der letzten Aufgabe sollen Sie gemeinsam etwas planen. Sie bekommen ein Aufgabenblatt mit einer Aufgabe. Machen Sie Vorschläge (z. B. Wir könnten doch...) und reagieren Sie auf die Vorschläge Ihrer Partnerin/Ihres Partners (z. B. Gute Idee./Das finde ich nicht so gut.).

Zu zweit: Spielen Sie die Beispielaufgabe durch.

Situation: Sie möchten beide bald die Deutsch-Prüfung ablegen.

Aufgabe: Planen Sie, wie Sie sich gemeinsam auf die Prüfung vorbereiten können. Im Kasten rechts sind einige Notizen.

Wann?
Wie oft?
Wo?
Material, Bücher?
Übungen?
...?

TIPP

Sehen Sie sich im Internet eine Beispielprüfung an.

Teilnehmer/in A

Teilnehmer/in B

Fragen

- Wie lernen Sie am liebsten: im Kurs oder alleine zu Hause? Warum?
- Wie können Sie Ihr Deutsch verbessern, wenn Sie nicht im Unterricht sind?
- Finden Sie, dass Deutsch eine schwierige Sprache ist? Warum oder warum nicht?
- Wie kann das Internet Ihnen beim Deutschlernen helfen?
- Finden Sie Hausaufgaben sinnvoll? Warum oder warum nicht?

Arbeitsbuch

Im Arbeitsbuch finden Sie:

- **ein separates Aussprachetraining, mit dem Sie von Beginn an Ihre Aussprache verbessern können**
- **vertiefende Übungen zu allen sechs Lektionen im Kursbuch, die Sie im Unterricht oder zu Hause machen können**
- **den Lernwortschatz jeder Lektion zusammengefasst, mit viel Platz zum Bearbeiten**

Inhalt

1 Der Satzakzent

a Hören Sie die Beispiele. Was passiert mit dem Hauptakzent zwischen dem ersten und dem letzten Satz? 27

Nicht.

Ich nicht.

Ich will nicht.

Ich will nicht mit.

Ich will nicht mit ins Theater.

Ich will nicht mit ihm ins Theater.

Ich will heute nicht mit ihm ins Theater.

b Hören Sie die Beispiele aus Aufgabe 1a noch einmal und unterstreichen Sie die Wörter, die besonders stark betont werden. 27

c Ergänzen Sie mit den Wörtern die Regel und kreuzen Sie an.

Akzentwörter | Inhalt | Satz | Wörter

In jedem ......1...... gibt es ......2......, die für den ......3...... sehr wichtig sind. Das sind die ......4...... .

Wie spricht man diese Wörter?

- ☐ deutlicher
- ☐ leiser
- ☐ langsamer
- ☐ lauter
- ☐ schneller
- ☐ undeutlicher

d Schreiben Sie eigene Sätze so wie in Aufgabe 1a. Ihre Partnerin/Ihr Partner soll diese Sätze dann mit korrektem Akzent lesen.

....

....

....

28 **e** Hören Sie die Sätze. Vergleichen Sie die Akzentmuster und sprechen Sie nach.

Satzakzentmuster	Sätze
1 ●••	Schläfst du schon? / Hörst du mich? / …………
2 •●••	Entschuldigung! / Wie spät ist es? / …………
3 ••●•	Es ist 11 Uhr. / Das ist gut so. / …………
4 •••●	Es ist halb fünf. / Das kann nicht sein! / …………
5 ••●••	Ich versteh' das nicht! / Bitte hör auf mich! / …………
6 •••●•	Werd jetzt nicht müde! / ………… , wo jeder mit muss.
7 ••••●	Das ist doch nicht schwer! / …………

f Was passt? Ergänzen Sie die Sätze bei den richtigen Akzentmustern in Aufgabe e.

Das weiß ich nicht. | Hast du Zeit für mich? | Wo kommst du her? | Sprich mit mir! | Ich bin pünktlich. | Gleich ist es vorbei! | Das ist der Rhythmus.

g Basteln Sie mit zwei anderen Teilnehmerinnen/Teilnehmern ein Kartenspiel. Schreiben Sie jeweils einen Satz aus Aufgabe 1f auf eine Karte. Danach malen Sie das Akzentmuster des Satzes auf eine andere Karte. Die Kärtchen mit den Rhythmusmustern liegen mit der Vorderseite nach unten auf einem Stapel.
Die Satz-Kärtchen werden gemischt und unter Ihnen gleich verteilt. Eine Teilnehmerin/Ein Teilnehmer deckt ein Kärtchen mit einem Rhythmusmuster auf. Alle suchen in ihren Satz-Kärtchen, ob sie einen Satz haben, der zu dem Rhythmusmuster passt. Wer am schnellsten einen passenden Satz findet, bekommt einen Punkt.

29 **h** Wann steht Hakim auf? Welche Frage passt zu welcher Antwort?
Hören Sie und achten Sie auf die Betonung.

1 **Wer** steht am Wochenende um 10 Uhr auf?
2 **Um wie viel Uhr** steht Hakim am Wochenende auf?
3 **Was macht** Hakim am Wochenende um 10 Uhr?
4 **Wann** steht Hakim um 10 Uhr auf?

a Hakim steht am Wochenende um **10 Uhr** auf.
b **Hakim** steht am Wochenende um 10 Uhr auf.
c Hakim steht **am Wochenende** um 10 Uhr auf.
d Hakim **steht** am Wochenende um 10 Uhr **auf**.

i Bilden Sie Fragen wie in Aufgabe 1h zu folgenden Sätzen und antworten Sie mit der richtigen Betonung.

1 Hatice isst donnerstags immer Spaghetti mit Tomatensoße.

2 Der Deutschkurs beginnt am Dienstag um 8.45 Uhr.

j Hören Sie die Sätze. Markieren Sie in jedem Satz die zwei Hauptakzentsilben. Welche Funktion haben die Akzente? 30

1 Hatice isst nicht donnerstags Spaghetti, sondern mittwochs.

2 Der Deutschkurs beginnt nicht am Dienstag, sondern am Mittwoch.

3 Ich nehme keinen Kamillentee, sondern Pfefferminztee.

4 Diesmal nehme ich aber Weißwein.

5 Geben Sie mir bitte ein Brot, aber ein Weißbrot!

6 Ich lerne nicht Englisch, ich lerne Deutsch!

7 Ich möchte eine Pizza, aber eine vegetarische, bitte!

TIPP

Jede Wortgruppe hat einen Akzent. Betont wird immer die wichtigste Information.
Mit Akzenten kann man auch Kontraste zwischen zwei Informationen markieren.
Diese Akzente nennt man dann Kontrastakzente.

2 Die Satzmelodie

TIPP

Die Melodie beim Sprechen nennt man Sprechmelodie.
Wir verwenden verschiedene Melodieformen.
Am Ende einer Äußerung kann die Melodie steigen, fallen oder gleich bleiben.

a Hören Sie den Dialog und achten Sie auf die Satzmelodie. 31

▶ Hörst du mich? ↗ → ↘

▷ Entschuldigung? ↗ → ↘

▶ Wie spät ist es? ↗ → ↘

▷ Es ist 11 Uhr. ↗ → ↘

▶ Das kann nicht sein! ↗ → ↘

▷ Doch. ↗ → ↘ Wollen wir zusammen essen gehen? ↗ → ↘

▶ Ich kann nicht. ↗ → ↘

▷ Warum denn nicht? ↗ → ↘

▶ Ich muss noch Vokabeln lernen ↗ → ↘, einen Text schreiben ↗ → ↘ und lesen. ↗ → ↘

▷ Schade. ↗ → ↘

31 **b** Hören Sie den Dialog noch einmal und entscheiden Sie: Wann steigt oder fällt die Melodie, wann bleibt sie gleich? Markieren Sie den richtigen Pfeil.

c Lesen Sie noch einmal den Dialog aus Aufgabe 2a und kreuzen Sie an.

	Die Melodie	steigt ↗	bleibt gleich →	fällt ↘
a	**in Aussagesätzen** Es ist 11 Uhr.	☐	☐	☐
b	**in Ausrufesätzen** Das kann nicht sein!	☐	☐	☐
c	**in Ja-Nein-Fragen** Wollen wir zusammen essen gehen?	☐	☐	☐
d	**in W-Fragen** Warum denn nicht?	☐	☐	☐
e	**in Aufzählungen oder bei Pausen (Komma)** Ich muss noch Vokabeln lernen, einen Text schreiben und lesen.	☐	☐	☐

d Lesen Sie jetzt den Dialog mit Ihrer Partnerin/Ihrem Partner. Achten Sie auf die markierten Elemente, sie tragen den Satzakzent. Achten Sie auch auf die richtige Melodie.

▶ **Hörst** du mich? ↗

▷ Nat**ür**lich. ↘

▶ Wie **spät** ist es? ↗

▷ Es ist **11** Uhr. ↘

▶ Das kann nicht **sein**! ↘

▷ Doch. ↘ Wollen wir zusammen essen gehen? ↘

▶ Ich **kann** nicht. ↘

▷ **Warum** denn nicht? ↘

▶ Ich muss noch **Vokabeln lernen** →, einen **Text schreiben** → und **lesen**. ↘

▷ **Scha**de. ↘

1 Heimat

Welche Wörter passen? Ergänzen Sie.

aufgewachsen | fühle | schmeckt | Frieden | ~~Zukunft~~ | liebe | leben | verlassen | vermisse | fehlt

Heimat ist, wo ich mich zu Hause ....

Heimat ist, wo ich geboren und .... *bin.*

Heimat ist, wo die Menschen sind, die ich ....

Heimat ist, wo es eine gute ......Zukunft...... für mich gibt.

Heimat ist, wo meine Freunde ....

Heimat ist, wo ich in .... leben kann.

Ich habe zwei Heimatländer. Wenn ich in Deutschland bin,
.... ich Spanien,
wenn ich in Spanien bin, ... mir Deutschland.

Heimat ist dort, wo es mir ....

Ich habe erst gemerkt, was Heimat ist,
als ich mein Land .... *habe.*

2 *Wenn* oder *als*

Lesen Sie die Dialoge und ergänzen Sie *wenn* oder *als*.

1 ▶ Wie hast du dich gefühlt, ... du nach Deutschland gekommen bist?

▷ .... ich heute an diese Zeit denke, muss ich sagen, dass ich damals oft traurig war. .... ich hier ankam, konnte meine Familie nämlich noch nicht mitkommen.

2 .... ich an meine Heimat denke, erinnere ich mich vor allem an die schöne Natur in meinem Land. Aber .... ich dort bin, denke ich auch an Berlin. .... ich das letzte Mal in meinem Land war, habe ich gemerkt, dass Berlin meine zweite Heimat geworden ist.

3 .... Sie mich fragen, was für mich Heimat bedeutet, ist die Antwort nicht einfach. .... man in Frieden leben kann, ist das schon ein Stück Heimat für mich. .... ich in Syrien war, war dort Krieg. .... ich daran denke, bin ich glücklich hier zu sein.

3 Ludmillas Leben 1

a Ordnen Sie die Wörter und schreiben Sie die Sätze.

1 als | Ludmilla | war | jung | sie | hatte | viele Träume und Hoffnungen

Als …

2 als | 26 | war | sie | nach Deutschland | sie | kam

3 als | ankam | sie | in Deutschland | sprach | noch kein Wort Deutsch | sie

4 als | gut Deutsch | sie | konnte | eine | gute Arbeit | sie | fand

5 als | ihren heutigen Mann | sie | kennenlernte | sie | sehr | war | glücklich

6 als | heirateten | sie | es | eine große Feier | gab

7 wenn | nächstes Jahr | sie | bekommen | ihr erstes Kind | eine größere Wohnung | brauchen | sie

b Schreiben Sie die Sätze anders. Drehen Sie sie um.

1 *Ludmilla hatte viele Träume und Hoffnungen, als sie jung war.*

2

3

4

5

6

7

c Und Sie? Schreiben Sie Sätze über sich mit *wenn* und *als*.

4 Freude und Enttäuschung 2

Was passt? Ordnen Sie zu.

1	Ich bin froh,	a	dass der Kurs bald vorbei ist?
2	Ich bin enttäuscht,	b	weil ich die Wohnung doch nicht bekommen habe.
3	Freuen Sie sich auch	c	wenn ich endlich meine Aufenthaltserlaubnis habe.
4	Findest du es auch schade,	d	über die schönen Geschenke?

5 Ämter und Behörden 3–4

a Wie heißen die Ämter und Behörden? Notieren Sie.

~~standesamt~~ausländerbehördeagenturfürarbeitfinanzamteinwohnermeldeamtkfz-zulassungsstellejobcenterfamilienkasse

1 *Standesamt* ....
2 ....
3 ....
4 ....
5 ....
6 ....
7 ....
8 ....

b Wann geht man zu den Ämtern oder Behörden? Schreiben Sie.

Wenn man heiraten möchte, muss man zum Standesamt gehen.

....

....

....

6 Auf dem Amt 3–4

a Sie hören zwei Ansagen. Welche Lösung (a, b oder c) passt am besten? Kreuzen Sie an. 32

1 Was soll Frau Kalikaki tun?
- a ☐ Das Antragsformular ausfüllen.
- b ☐ Einen Ausweis beantragen.
- c ☐ Zur Familienkasse gehen.

2 Was soll Herr Khalid tun?
- a ☐ Am 18. Juli vorbeikommen.
- b ☐ Auf einen Anruf warten.
- c ☐ Beim Jobcenter anrufen.

b Sie hören zwei Dialoge. Welche Reaktion ist richtig? Kreuzen Sie an. 33

1
- a ☐ Ja, Sie sind dran.
- b ☐ Nein, es gibt keine Nummern mehr.
- c ☐ Nein, Sie sind gleich an der Reihe.

2
- a ☐ Ja, gerne.
- b ☐ Nein, ich weiß es auch nicht.
- c ☐ Nein, ich habe kein Problem.

7 Toms Behördenbesuche 3|4

34 **a** Lesen Sie den Dialog und ergänzen Sie die Verben im Perfekt. Hören Sie dann zur Kontrolle.

▶ Tom, erzähl doch mal, warst du schon bei vielen Ämtern und Behörden hier in Deutschland?

▷ Ja, da kann ich einiges erzählen .... Bei der Ausländerbehörde habe ich meine Aufenthaltserlaubnis .... (1 beantragen) und auch .... (2 bekommen). Beim Einwohnermeldeamt habe ich mich .... (3 anmelden), beim Standesamt habe ich die Geburt unseres Sohnes .... (4 melden). Dann habe ich bei der Familienkasse Kindergeld .... (5 beantragen) und bei der Arbeitsagentur Arbeit .... (6 suchen) und .... (7 finden) ...

▶ War das alles?

▷ Nein, bei der Kfz-Zulassungsstelle habe ich noch mein altes Auto .... (8 abmelden) und mein neues Auto .... (9 anmelden). Beim Finanzamt habe ich meine Steuern .... (10 zahlen).

35 **b** Und wie ist es Tom bei seinen Behördenbesuchen ergangen? Lesen Sie den Dialog weiter und ergänzen Sie. Welche Wörter passen? Hören Sie dann zur Kontrolle.

▶ Und wie ist es dir bei deinen Besuchen auf den Behörden ergangen?

▷ Nun, man muss immer lange .... (1 warten/dauern), schon früh beim Amt sein und meistens eine Nummer .... (2 drücken/ziehen). Oder man .... (3 vereinbart/sagt) einen Termin. Es kann aber lange .... (4 warten/dauern), bis man einen Termin bekommt. Man muss viel .... (5 Geduld/Stress) haben.

▶ Und die Sachbearbeiter? Welche .... (6 Erinnerungen/Erfahrungen) hast du gemacht?

▷ Eigentlich sehr gute. Sie sind meistens freundlich und hilfsbereit. Man darf keine .... (7 Geduld/Angst) haben, Fragen zu stellen. Mein Problem ist aber, Briefe von Behörden zu verstehen.

▶ Du meinst das Amtsdeutsch? Aber damit haben Deutsche auch ihre .... (8 Möglichkeiten/Probleme).

c Und Sie? Wann und warum waren Sie in Deutschland bei Ämtern und Behörden? Wie war es? Schreiben Sie.

....

....

....

....

....

....

....

8 Direkte und indirekte Fragen 5

a Welches Fragewort passt? Ergänzen Sie.

Wohin?	Was?	Wie?
Warum?	Welche?	Wann?
Wo?	Wer?	Wo?

1 .... hat das Bürgeramt geöffnet?
2 .... kann ich einen Antrag auf Wohngeld stellen?
3 .... muss ich alles mitbringen?
4 .... Unterlagen brauche ich?
5 .... heißt mein Sachbearbeiter?
6 .... ist der zuständige Sachbearbeiter?
7 .... muss ich unterschreiben?
8 .... soll ich meinen Antrag schicken?
9 .... habe ich noch keine Antwort erhalten?

b Formen Sie die direkten Fragen aus Aufgabe 8a in indirekte Fragen um.

1 Wissen Sie, *wann das Bürgeramt geöffnet hat?*
2 Können Sie mir sagen, ...?
3 Ich würde gern wissen, ...
4 Können Sie mir sagen, ...?
5 Wissen Sie, ...?
6 Können Sie mir sagen, ...?
7 Ich würde gern wissen, ...
8 Können Sie mir sagen, ...?
9 Können Sie mir sagen, ...?

9 Fragen ohne Fragewort 5

Schreiben Sie indirekte Fragen mit *ob*.

1	Kann ich den Antrag online ausfüllen? Können Sie mir sagen,	*ob ich den Antrag online ausfüllen kann?*
2	Ist das Amt samstags geöffnet? Wissen Sie,	*ob* ....?
3	Habe ich das Formular richtig ausgefüllt? Ich möchte gern wissen,	....
4	Muss ich hier unterschreiben? Können Sie mir sagen,	....................?
5	Muss ich noch lange warten? Können Sie mir sagen,	....................?

10 Pedros Anruf beim Jobcenter 5

36 Ergänzen Sie *ob* oder *dass*. Hören Sie dann zur Kontrolle.

Heute habe ich das Jobcenter angerufen. Ich wollte wissen, ... meine Ausbildung als Ingenieur hier in Deutschland anerkannt wird. Der Sachbearbeiter hat mir gesagt, ... er das am Telefon nicht beantworten kann. Ich habe ihn gefragt, ... wir einen Termin ausmachen könnten, um alles zu besprechen. Wir haben dann nächsten Montag um 10 Uhr vereinbart. Ich wollte noch wissen, ... ich meine Zeugnisse mitbringen soll. Er hat gesagt, ... ich natürlich alle Unterlagen, die ich habe, mitbringen soll. Er hat mich dann auch noch gefragt, ... ich die Internetseite www.anerkennung-in-deutschland.de kenne. Der Sachbearbeiter hat mich darauf hingewiesen, ... man da Informationen zur Anerkennung vieler Berufe in Deutschland findet.

11 Schwierige Wörter 6–7

a Ergänzen Sie die Verben/Nomen.

Verb	Nomen
anerkennen	
	die Unterschrift
beglaubigen	
	die Übersetzung
beantragen	
	die Information
beraten	
	die Kopie
bescheinigen	

b Schreiben Sie Sätze mit den Verben/Nomen aus Aufgabe 11a.

Meine Ausbildung ist in Deutschland anerkannt.
Hier fehlt eine Unterschrift.

12 Wichtige Unterlagen 6–7

Anerkennung | Beglaubigung | Dokument | Führungszeugnis | Übersetzung | Unterlagen

Ergänzen Sie das Schreiben.

Sehr geehrter Herr Singh,

zur Bearbeitung Ihres Antrags auf .... Ihres Berufs fehlen uns noch die folgenden ....:

- ein aktuelles polizeiliches ...., nicht älter als drei Monate. Dieses .... können Sie auch im Internet unter www.fuehrungszeugnis.bund.de beantragen;
- die .... Ihres Abschlusszeugnisses ins Deutsche mit ....

Mit freundlichen Grüßen

Ernst Roth

13 Das Verb *lassen* 8

a Ergänzen Sie.

ich	....	wir	....
du	....	ihr	....
er/sie/es	....	sie/Sie	*lassen*

b Ergänzen Sie die Formen von *lassen*.

1 .... du dein Fahrrad reparieren? – Nein, das mache ich selbst.

2 Ich muss meinen Pass verlängern .... Er läuft bald ab.

3 Wann .... Sie sich die Haare schneiden? – Ich weiß nicht, mir gefallen sie, wie sie sind.

c Machen Sie es selbst oder lassen Sie es machen? Schreiben Sie Sätze wie im Beispiel.

1 Ich kann das Zeugnis nicht selbst übersetzen. *Ich lasse es übersetzen.*

2 Wir können die Dusche nicht selbst reparieren. Wir ....

3 Luigi hat keine Lust, die Wohnung zu renovieren. Er ....

14 Ein Schreiben an das Übersetzungsbüro Schmidt 9

Was ist richtig? Kreuzen Sie an.

Sehr ...1... Damen und Herren,
für die Anerkennung meines ausländischen Berufsabschlusses benötige ich die Übersetzung meiner Zeugnisse mit ...2... . Wäre es möglich, ...3... die Übersetzung bis Ende nächster Woche fertig ist? Ich würde die Übersetzung dann bei ...4... persönlich abholen. Bitte teilen Sie mir mit, ob Sie die Übersetzung übernehmen ...5... und wie viel sie ungefähr kosten wird. Sollte es Fragen ...6... , stehe ich Ihnen jederzeit telefonisch unter der Nummer 0151 235666777 zur Verfügung.
Mit freundlichen Grüßen
Oana Munteanu

1	2	3	4	5	6
a ☐ geehrter	a ☐ Beglaubigung	a ☐ dass	a ☐ Sie	a ☐ können	a ☐ sein
b ☐ geehrte	b ☐ Garantie	b ☐ ob	b ☐ euch	b ☐ dürfen	b ☐ haben
c ☐ geehrten	c ☐ Bearbeitung	c ☐ wenn	c ☐ Ihnen	c ☐ sollen	c ☐ geben

15 Übersetzung der Geburtsurkunde 9

Sie müssen Ihre Geburtsurkunde übersetzen lassen.
Schreiben Sie an das Übersetzungsbüro Schmidt.

Schreiben Sie etwas zu den folgenden Punkten:
- Grund für Ihr Schreiben
- bis wann
- Übersetzung zusenden/abholen
- Kosten

Lernwortschatz

Schreiben Sie Beispielsätze.

Heimat

die Heimat — *Meine Heimat ist, wo ich aufgewachsen bin.*
das Herkunftsland/Heimatland
zu Hause sein
fremd sein
sich wohlfühlen
sich fremd fühlen
vermissen
fehlen
in Frieden leben
die Gemeinsamkeit
der Unterschied
als
wenn

Wie heißen diese Wörter in Ihrer Sprache? Übersetzen Sie.

Träume, Freude, Enttäuschung

die Enttäuschung
enttäuscht sein (von/über)
sich freuen (auf/über)
froh sein (über)
die Hoffnung
der Traum

Ämter und Behörden

einen Antrag stellen
beantragen
ablehnen
genehmigen
die Beglaubigung
beglaubigen
die beglaubigte Kopie
die berufliche Anerkennung
anerkennen
lassen
das Dokument
das Führungszeugnis
die Geburtsurkunde
das Gesundheitszeugnis
der/die Sachbearbeiter/in
der Sprachnachweis
die Übersetzung
übersetzen
die Unterlagen (Pl.)
gute/schlechte Erfahrungen machen
Geduld haben
geduldig sein
ungeduldig sein

1 Wichtige Wörter bei der Arbeitssuche 1

Wie heißen die Wörter? Schreiben Sie.

1	Diese Papiere braucht man, wenn man sich bewerben will:	die B e w e r b u n g s u n t _ _ _ _ _ _ _
2	Zu diesen Papieren gehört das Bewerbungsschreiben und	der L _ _ _ _ _ l _ _ _
3	Wenn man Arbeit sucht, sollte man die . . . in der Zeitung oder im Internet lesen.	die S t e _ _ _ _ a n _ _ _ _ _ _
4	Alles, was man kann, was man gelernt hat (Pl.):	die Q u a _ _ _ _ _ _ _ _ _ _ _ _
5	Dieses Papier erhält man nach Abschluss der Schule oder einer Arbeit.	das Z _ _ _ _ _ _
6	In diesem Papier stehen Regelungen zur Arbeitszeit, zum Gehalt, zum Urlaub. Arbeitgeber und Arbeitnehmer müssen es unterschreiben.	der A _ _ _ _ _ _ v e r _ _ _ _

2 Wünsche ausdrücken mit *würde* 1

a Ergänzen Sie die Tabelle.

ich	*würde*	wir	
du		ihr	
er/sie/es		sie/Sie	

b Was wünschen sich die Leute? Ergänzen Sie die richtige Form von *würde* (+ Infinitiv).

1 Ich verdiene wenig Geld. Ich *würde* gern mehr Geld *verdienen*.

2 Maria arbeitet als Krankenschwester, aber sie .... gern als Ärztin ....

3 Ich muss früh aufstehen, aber ich .... gern später ....

4 Wir machen eine kurze Pause, aber wir .... am liebsten eine viel längere Pause ....

5 .... Sie gerne heute spazieren gehen? – Nein, ich .... gerne morgen ....

3 Wünsche ausdrücken mit *hätte* und *wäre* 1

a Ergänzen Sie die richtigen Formen.

ich		
du		
er/sie/es		
wir		*wären*
ihr		
sie/Sie	*hätten*	

Ich ~~würde~~ gern mehr Freizeit ~~haben.~~
→ Ich **hätte** gern mehr Freizeit.

b Ergänzen Sie die richtige Form von *hätte.*

1 Ich .... gern mehr Freizeit, aber das geht leider nicht.

2 Oliver .... gern eine leichtere Arbeit, denn seine Arbeit ist sehr anstrengend.

3 Ich .... gern heute Abend mehr Zeit, aber ich muss für die Prüfung lernen.

4 Wir .... gern eine größere Wohnung, aber es ist schwierig, etwas zu finden.

5 ▶ .... Sie gern Kinder, Frau Luna?
▷ Ja, aber wir wollen noch etwas warten.

6 ▷ .... du gern ein neues Fahrrad, Oliver?
▶ Ja, ich habe mir schon eins zum Geburtstag gewünscht.

c Ergänzen Sie die richtige Form von *wäre.*

> Ich ~~würde~~ gern am Meer ~~sein~~.
> → Ich **wäre** gern am Meer.

1 Ich .... gern am Meer, aber leider muss ich arbeiten.

2 Frau Schmidt .... gern Krankenschwester, aber sie hat noch keine passende Stelle gefunden.

3 Wir .... jetzt gern zu Hause, aber wir müssen noch in der Schule bleiben.

4 ▶ .... du gern Millionär, Julian? ▷ Natürlich, aber ich finde, Geld allein macht nicht glücklich.

5 ▶ .... Sie gern in Ihrem Heimatland? ▷ Ja, ich .... sehr gern bei meinen Eltern.

4 Wünsche ausdrücken mit *könnte*

> Ich hätte gerne viel Zeit.
> Dann ~~würde~~ ich ans Meer fahren ~~können~~.
> → Dann **könnte** ich ans Meer fahren.

Ergänzen Sie die richtige Form von *könnte.*

1 Ich würde gern eine Fortbildung machen. Dann .... ich bald in meinem Beruf arbeiten.

2 Pedro wäre gern Koch. Dann .... er aus seinem Hobby seinen Beruf machen.

3 Igor und Svetlana hätten gern eine große Wohnung. Dann .... ihre Eltern bei ihnen wohnen.

5 Was passt?

a Ergänzen Sie *würde, wäre, hätte* in den richtigen Formen.

Ich .... gern als Ärztin arbeiten. Dann .... ich eine interessante Arbeit mit Kontakt zu Menschen und .... gut verdienen. Ich .... keine finanziellen Probleme mehr. Ich .... auch gern viel arbeiten. Das .... kein Problem für mich. Dann .... ich auch gern einen netten Mann finden. Ich .... gern verheiratet und .... gern viele Kinder. Wir .... dann in eine schöne Wohnung ziehen und ich .... glücklich.

b Und was würden/wären/hätten Sie gern? Schreiben Sie.

....

....

6 Arbeit und Beruf 2

a Ordnen Sie die Wörter in die Tabelle ein.

Tätigkeiten

~~waschen~~ | schneiden | reparieren | erklären | Reifen wechseln | Patienten behandeln | am Computer arbeiten | Gäste bedienen | Fieber messen | Kunden bedienen | konstruieren | Gemüse putzen | planen | Gemüse schälen | Medikamente verschreiben | unterrichten | kochen | Essen bringen | Patienten pflegen | beraten | zeichnen | Patienten untersuchen | verkaufen | korrigieren | telefonieren | servieren | kassieren | Termine vereinbaren | E-Mails schreiben

Arbeitsmaterial

Pfanne | Schere | Computer | Telefon | Spritze | Pflaster | Fax | Filzstifte | Kopierer | Kreide | Kamm | Herd | Bücher | Tafel | Verbandszeug | Werkzeug | Zange | CD-Player | Topf | Kasse | Hefte | Tablett | Bauplan

Arbeitsplatz

Büro | Kaufhaus | Baustelle | Restaurant | Friseursalon | Küche | Schule | Markt | Café | Werkstatt | Praxis | Krankenhaus

Beruf	Tätigkeiten	Arbeitsmaterial	Arbeitsplatz
Koch/Köchin			
Kellner/Kellnerin			
Ingenieur/Ingenieurin			
Verkäufer/in			
Kfz-Mechatroniker/in			
Lehrer/in			
Arzt/Ärztin			
Krankenschwester/ Krankenpfleger			
Bürokaufmann/Bürokauffrau			
Friseur/Friseurin	*waschen,*		

b Schon fertig? Kennen Sie noch andere Tätigkeiten, Arbeitsmaterialien oder Arbeitsplätze? Ergänzen Sie die Tabelle.

7 Was ist Ihr Traumberuf? [2]

Wo würden Sie gern arbeiten? Was würden Sie gern machen? Schreiben Sie.

Ich würde gern als Lehrerin arbeiten.

Dann könnte ich ...

Ich hätte ... Ich würde ...

8 Der perfekte Arbeitnehmer [3]

Was erwarten Betriebe vom Arbeitnehmer? Ergänzen Sie die Wörter.

flexibel | qualifiziert | teamfähig | zuverlässig

Der Arbeitnehmer soll .... sein, er soll immer das machen, was er gesagt hat. Er soll bereit sein, auch am Wochenende zu arbeiten und Überstunden zu machen. Er soll .... sein. Es soll ihm Spaß machen, mit anderen Leuten zusammenzuarbeiten. Er soll .... sein. Und natürlich erwarten wir Fachwissen. Der Arbeitnehmer soll .... sein.

9 Welches Wort passt nicht? [3]

Streichen Sie das Wort, das nicht passt, durch.

1 Gehalt | Lohn | Bezahlung | Abschluss
2 Kenntnisse | Qualifikation | Erfahrung | Erlebnis
3 Arbeitgeber | Kollege | Mitarbeiter | Arbeitnehmer
4 abwechslungsreich | interessant | spannend | langweilig
5 Festanstellung | unbefristeter Arbeitsvertrag | sicherer Arbeitsplatz | Probezeit

10 Telefonische Bewerbung [3-4]

37 **a** Schreiben Sie die Fragen richtig. Hören Sie dann den Dialog zur Kontrolle.

Guten Tag, ich rufe wegen Ihrer Anzeige im *Frankfurter Morgen* an.

Stelle die ist frei noch?

1 *Ist die Stelle noch frei?* .... *Ja.*

die Arbeitszeiten wie sind Sie könnten sagen mir?

2 ....

Samstag am arbeiten ich muss auch?

3 ....

Bezahlung wie die ist können mir sagen Sie?

4 ....

Probezeit ob eine gibt es dann würde gern ich wissen noch

5 ....

Vertrag bekommen unbefristeten kann einen ich und dann?

6 ....

ich wann kann vorbeikommen?

7 ....

b Hören Sie den Dialog noch einmal und notieren Sie die Antworten auf die Fragen. 37

11 Lebenslauf 5

Ordnen Sie zu.

Schulbildung | Besondere Kenntnisse | Persönliche Daten | Berufsausbildung und Berufserfahrung | Weiterbildung

....	Name: Filiz Yildirim Geburtsdatum: 3.9.1982
....	09/1987 – 07/1990 Staatliche Sekundarschule, Istanbul
....	10/1996 – 08/2014 Anstellung als Bürokauffrau, Istanbul.
....	02/2010 – 05/2010 Computerkurs MS Office und SAP
....	Sprachen: Türkisch, Deutsch, Englisch

12 Verben mit Präpositionen 6

a Was ist richtig?

1	anfangen	an	auf	(mit)	8	achten	an	vor	auf
2	sich freuen	an	von	auf	9	warten	für	auf	zu
3	sich ärgern	über	auf	an	10	sich treffen	auf	mit	über
4	sich interessieren	für	über	um	11	diskutieren	über	auf	von
5	sich bedanken	an	auf	für	12	sich vorbereiten	an	zu	auf
6	sich bewerben	von	vor	um	13	sich beschweren	auf	über	von
7	denken	auf	an	zu	14	sich verabreden	mit	über	auf

b Welche Präpositionen passen? Ergänzen Sie.

Ich interessiere mich ....1.... die Stelle von Data Consult. Meine letzten Bewerbungen hatten keinen Erfolg, ich habe mich sehr ....2.... die Absagen geärgert. Vor zwei Wochen habe ich mich ....3.... die Stelle bei Data Consult beworben und hatte endlich Glück. Ich habe schon einen Termin zu einem Vorstellungsgespräch bekommen und habe mich ....4.... dem Personalchef nächsten Freitag verabredet. Ich denke jetzt die ganze Zeit ....5.... diesen Termin und warte ....6.... den Freitag. Ich werde ....7.... passende Kleidung achten und habe mich auch schon gut ....8.... das Gespräch vorbereitet. Ich freue mich ....9.... die Arbeit bei Data Consult.

13 Lesen Sie die E-Mail. [8]

Was ist richtig, a, b oder c? Kreuzen Sie an.

An	bewerbung@rezeptionist.de
Von	anja.kowalska@deu.de
Betreff	Bewerbung als Rezeptionistin

Sehr ....1.... Herr Schneider,

mit großem Interesse habe ich Ihre ....2.... im *Frankfurter Rundblick* gelesen und möchte mich hiermit als Rezeptionistin bewerben.

Wie Sie meinem Lebenslauf entnehmen ....3...., habe ich in Polen bereits in mehreren Hotels gearbeitet. Dabei konnte ich Erfahrungen bei der Arbeit am Empfang ....4..... Auch das Bearbeiten von Anfragen und Buchungen gehörte zu meinen Tätigkeiten. Es macht mir großen Spaß, Gäste zu beraten, und ich kann von mir sagen, dass ich sehr kontaktfreudig und zuverlässig bin. Die von Ihnen angebotene Stelle wäre für mich eine willkommene berufliche Herausforderung, ...5.... ich gerne auch in Deutschland in meinem Beruf arbeiten würde. Meine Muttersprache ist Polnisch. Ich spreche auch gut Englisch und Deutsch. Das telc Zertifikat Deutsch B1+ Beruf habe ich erfolgreich abgeschlossen.

Über eine Einladung zu einem persönlichen Gespräch ....6.... ich mich freuen.

Mit freundlichen Grüßen

Anja Kowalska

1	2	3	4	5	6
a ☐ geehrte	a ☐ Stelle	a ☐ sollen	a ☐ haben	a ☐ das	a ☐ wäre
b ☐ geehrter	b ☐ Anzeige	b ☐ können	b ☐ tun	b ☐ wenn	b ☐ würde
c ☐ geehrten	c ☐ Angebot	c ☐ dürfen	c ☐ sammeln	c ☐ da	c ☐ hätte

14 *Bevor, nachdem, seitdem, während* 9

a Verbinden Sie die Sätze mit *bevor*. Schreiben Sie die Sätze in Ihr Heft.

1 Zuerst arbeiten wir. Dann gehen wir frühstücken.
Bevor wir frühstücken, arbeiten wir. Wir arbeiten, bevor wir frühstücken.

2 Zuerst räume ich auf. Dann sehe ich fern. ……………

3 Zuerst trinke ich Kaffee. Dann gehe ich in den Kurs. ……………

4 Zuerst muss ich Geld holen. Dann kann ich einkaufen. ……………

b Ergänzen Sie *bevor*, *nachdem* oder *seitdem*.

…………… sie nach Deutschland kam, sprach sie noch kein Wort Deutsch. …………… Julia in Deutschland ist, spricht sie jeden Tag Deutsch. …………… sie ein Schreibtraining gemacht hatte, konnte sie gut auf Deutsch schreiben und nun kann sie sich auch als Sekretärin bewerben. …………… sie sich aber bewerben kann, muss sie noch ihre Zeugnisse übersetzen lassen.

c Verbinden Sie die Sätze mit *während*. Schreiben Sie die Sätze in Ihr Heft.

1 Oleg kocht. Das Telefon klingelt. ……………

2 Saskia arbeitet. Saskia hört Musik. ……………

3 Stefano schläft. Der Hund bellt. ……………

4 Fatima duscht. Fatimas Kind malt. ……………

5 Tim geht zum Bus. Es regnet. ……………

15 Arbeit und Leben 8–9

Sie hören zwei Gespräche. Dazu gibt es zwei Aufgaben. Entscheiden Sie bei jeder Aufgabe, ob die Aussage dazu richtig oder falsch ist und welche Antwort, a, b oder c, am besten passt. 38

1 Frau Gonzales und Herr Schneider sind Kollegen. ✓ ☐ ✗ ☐

2 Frau Gonzales
a ☐ hat schon Erfahrungen in Hotelberufen.
b ☐ hat auch in England gearbeitet.
c ☐ hat bereits Mitarbeiter vom Hotel Astoria kennengelernt.

3 Bernd und Julian kennen sich schon lange. ✓ ☐ ✗ ☐

4 Bernd möchte
a ☐ mehr Zeit für die Kinder haben.
b ☐ Vollzeit arbeiten.
c ☐ nicht gern am Wochenende arbeiten.

Lernwortschatz

Schreiben Sie Sätze.

Bewerbungen

der Ansprechpartner/die Ansprechpartnerin ....
das Arbeitsmaterial ....
der (unbefristete/befristete) Arbeitsvertrag ....
das Arbeitszeugnis ....
die Aufgabe ....
die Berufserfahrung ....
die Bewerbung ....
sich bewerben *Julia bewirbt sich im Hotel.*
das Bewerbungsfoto ....
das Bewerbungsgespräch/das Vorstellungsgespräch ....
die Fähigkeit ....
die Festanstellung ....
die Kenntnis ....
der Lebenslauf ....
die Probezeit ....
die Qualifikation ....
die Stelle ....
die Stellenanzeige ....
die Tätigkeit ....
abwechslungsreich ....
flexibel ....
teamfähig ....
zuverlässig ....

Finden Sie die richtigen Präpositionen.

Verben mit Präpositionen

mit Dativ:

sich *bei* jemandem bedanken ....
sich .... jemandem/etwas bewerben ....
.... jemandem diskutieren ....
sich .... jemandem entschuldigen ....
jemandem .... etwas helfen ....
.... jemandem sprechen ....
.... jemandem/etwas träumen ....
sich .... jemandem treffen ....
sich .... jemandem verabreden ....

mit Akkusativ:

.... etwas achten ....
sich .... jemanden ärgern ....
sich .... etwas bedanken ....
sich bewerben ....
.... jemanden/etwas denken ....
.... etwas diskutieren ....
sich .... etwas entschuldigen ....
sich .... jemanden/etwas freuen ....
sich .... jemanden/etwas interessieren ....
.... jemanden/etwas warten ....

1 Umweltwörter 1

a Ordnen Sie die Verben zu.

belasten | kosten | recyceln | ~~schützen~~ | sammeln | senken | sparen | trennen | verbrauchen | vergleichen | verschmutzen | verschwenden

1 Umwelt: *schützen,* ....
2 Wasser: ....
3 Energie: ....
4 Papier: ....
5 Strom: ....
6 Heizkosten: ....
7 Müll: ....

b Schreiben Sie Sätze.

Wir sollen die Umwelt schützen ....

2 Umweltschutz im Büro 1

a Sie hören Aussagen zu einem Thema. Welcher der Sätze a–f passt zu den Aussagen 1–4? Lesen Sie zuerst die Sätze. Sie haben dazu eine Minute Zeit. 39

1 a ☐ b ☐ c ☐ d ☐ e ☒ f ☐
2 a ☐ b ☐ c ☐ d ☐ e ☐ f ☐
3 a ☐ b ☐ c ☐ d ☐ e ☐ f ☐
4 a ☐ b ☐ c ☐ d ☐ e ☐ f ☐

a Es gibt mehrere Möglichkeiten, beim Heizen Geld zu sparen.
b Man sollte auf alte Geräte, die viel Strom verbrauchen, verzichten.
c Wichtiger als der Papierverbrauch sind die hohen Stromkosten.
d Man soll kein Papier mehr verbrauchen.
~~e~~ Es wird immer noch zu wenig umweltfreundliches Papier verwendet.
f Alle Räume sollten eine ähnliche Temperatur haben.

b Hören Sie noch einmal. Was ist richtig, a oder b? Kreuzen Sie an. 39

Sprecher 1 denkt,
a ☐ dass immer noch zu viel Papier verwendet wird.
b ☐ dass es bald in Büros kein Papier mehr geben wird.

Sprecherin 2
a ☐ bekommt Kopfweh, wenn sie den ganzen Tag am PC sitzt.
b ☐ findet es problematisch, dass die PCs oft nachts an sind.

Sprecher 3 ist der Meinung,
a ☐ dass man bei der Arbeit weniger Kaffee trinken sollte.
b ☐ dass die alten Geräte in der Küche ein Problem sind.

Sprecherin 4 glaubt,
a ☐ dass offene Türen zu hohen Heizkosten führen.
b ☐ dass die Kollegen sich oft bei der Heizung nicht einigen können.

3 Wie können wir die Umwelt schützen? 2

Schreiben Sie Sätze.

1 Umwelt schützen? → Fahrrad fahren

Wir können die Umwelt schützen, indem wir Fahrrad fahren.

Indem wir Fahrrad fahren, können wir die Umwelt schützen.

2 weniger Energie verbrauchen → Energiesparlampen benutzen

....

....

3 Heizkosten sparen → nachts die Heizung ausschalten

....

....

4 Strom sparen → die Geräte ausschalten, wenn wir sie nicht brauchen

....

....

5 Wasser sparen → weniger baden und mehr duschen

....

....

6 Verpackungsmüll reduzieren → keine Plastiktüten verwenden

....

....

4 *Auf/an/aus/zu/ein* 3

a Ergänzen Sie die passende Vorsilbe.

1 ▶ Ich möchte Kopien machen. Wie schaltet man den Kopierer .... ? Können Sie mir helfen?
▷ Ja, schauen Sie, das geht so. ... Vergessen Sie aber nicht, den Kopierer .... zuschalten, wenn Sie fertig sind.

2 ▶ Mach bitte die Heizung .... Es ist sehr kalt.
▷ Ich kann die Heizung gerne .... drehen, wenn du möchtest.

3 ▶ Können Sie bitte das Fenster .... machen? Es zieht.
▷ Kein Problem, ich schließe es gleich. Aber später machen wir es wieder .... Lüften ist wichtig.

b Wie heißen die Gegenteile? Ordnen Sie zu.

1	anmachen	a	abdrehen	(Heizung)
2	aufdrehen	b	ausmachen	(Licht)
3	aufdrehen	c	ausschalten	(Gerät)
4	aufmachen	d	zudrehen	(Wasserhahn)
5	einschalten	e	zumachen	(Fenster)
6	öffnen	f	schließen	(Tür)

c Schreiben Sie Sätze mit den Verbpaaren aus Aufgabe 4b.

Hast du in der Küche das Licht angemacht und nicht wieder ausgemacht?

5 Konjunktiv II 4

a Ergänzen Sie die Tabelle.

	werden	haben	sein	können	sollen
ich		*hätte*			
du					*solltest*
er/sie/es					
wir	*würden*				
ihr			*wärt*		
sie/Sie				*könnten*	

b Höfliche Bitten mit *könnte* oder *würde*. Schreiben Sie Fragen.

1 Sie haben kein Telefon und müssen telefonieren. (können | Handy geben)

Könnten Sie mir bitte Ihr Handy geben?

2 Sie möchten Herrn Meier sprechen. (können | mich verbinden mit)

3 Sie möchten, dass Ihr Kollege Ihnen sagt, wie spät es ist. (können | Uhrzeit sagen)

4 Sie möchten, dass Ihre Freundin das Fenster zumacht. (können | zumachen)

5 Sie möchten, dass Ihr Kursleiter einen Satz wiederholt. (würden | wiederholen)

c Schreiben Sie Ratschläge mit *könnte* oder *sollte*.

1 Was kann ich tun? Ich bin immer müde. (du | sollen | mehr Sport machen)

Du solltest mehr Sport machen.

2 Was können sie tun? Sie haben Kopfschmerzen. (sie | sollen | weniger am Computer arbeiten)

....

3 Was können wir tun? Wir finden keine Arbeit. (ihr | können | zum Jobcenter gehen)

....

4 Was kann er tun? Sein Rücken tut immer weh. (er | können | ins Fitnessstudio gehen)

....

d Ergänzen Sie *würde, wäre* oder *hätte*.

1 Ich .... gern mehr Energie sparen, aber ich weiß nicht wie.

2 Ich .... gern eine umweltfreundliche Waschmaschine, die Strom und Wasser spart.

3 Ich .... jetzt gern auf dem Land. Dort ist die Luft viel besser als in der Stadt. Ich .... dann viel spazieren gehen.

4 Ich .... gern halbtags arbeiten. Dann .... ich sehr zufrieden, weil ich mehr Zeit für meine Kinder ....

6 *Musste/müsste, wusste/wüsste, konnte/könnte, war/wäre* [5]

a Ergänzen Sie die Tabelle.

	müssen	wissen		müssen	wissen
ich	*müsste*	*wüsste*	wir		
du		*wüsstest*	ihr	*müsstet*	
er/sie/es			sie/Sie		

b Entscheiden Sie. Wo müssen Sie das Präteritum verwenden? Wo den Konjunktiv II?

1 konnte/könnte

Ich .... gestern nicht kommen, weil ich krank war. Heute .... ich zu dir kommen, wenn du möchtest.

2 waren/wären

Wir .... jetzt gern in den Bergen – dort, wo wir letztes Jahr im Urlaub .... Das hat uns sehr gefallen und wir würden gern wieder dorthin fahren.

3 musste/müsste

Ich .... schon wieder am Wochenende arbeiten. Wenn ich jedes Wochenende arbeiten ...., würde ich mir eine andere Arbeit suchen.

c Was würden Sie machen, wenn ... ? Ordnen Sie die Sätze.

1 Wenn | viel Zeit | hätte | ich | ich | lesen | viele Bücher | würde

2 Wenn | gewinnen | ich | würde | im Lotto | ich | würde | eine Weltreise | machen

3 Wenn | wäre | kaputt | unsere Waschmaschine | wir | kaufen | würden | eine neue

4 Wenn | ich | besser | könnte | Englisch | keinen Kurs | ich | besuchen | müsste

7 Was wäre, wenn ... ? 6

Schreiben Sie und beenden Sie die Sätze.

1 ich viel Geld haben/...
Wenn ich viel Geld hätte, würde ich eine Weltreise machen.

2 ich eine neue Wohnung haben/...

3 Julia sehr gut auf Deutsch schreiben können/...

4 Peter nicht so früh aufstehen müssen/...

5 Oliver mehr Zeit haben/...

6 wir kein Handy haben/...

7 ich kein Internet haben/...

8 Wir haben Urlaub. 7

Schreiben Sie den Text anders. Verwenden Sie *brauchen nicht + zu*.

1 Wir müssen nicht arbeiten. *Wir brauchen nicht zu arbeiten.*
2 Wir müssen nicht früh aufstehen.
3 Wir müssen nicht am Computer sitzen.
4 Wir müssen den PC überhaupt nicht anschalten.
5 Am Abend müssen wir nicht früh ins Bett gehen.

9 Kündigungsschreiben 8

a Ordnen Sie den Brief und schreiben Sie ihn neu.

1. 60305 Frankfurt
2. Abonnementsabteilung
3. Bitte senden Sie mir eine Bestätigung,
4. Bornheimer Nachrichten
5. dass Sie die Kündigung bekommen haben.
6. Heidestraße 12
7. hiermit kündige ich
8. Ich war mit Ihrer Zeitung in der letzten Zeit nicht mehr zufrieden
9. **Kündigung meines Abos Nr. 20113**
10. mein Zeitungsabonnement zum schnellstmöglichen Zeitpunkt.
11. Mit freundlichen Grüßen
12. Sehr geehrte Damen und Herren,
13. und oft ist sie auch gar nicht gekommen.
14. *Unterschrift*

....

....

....

Abonnementsabteilung

....

Heidestraße 12

....

....

....

....

....

....

....

....

b Sie möchten Ihre Mitgliedschaft bei dem Fitnessstudio *McMove* kündigen. Schreiben Sie eine E-Mail an das Fitnessstudio *McMove*.

Schreiben Sie etwas zu folgenden Punkten:

- Grund für Ihr Schreiben
- Grund für die Kündigung
- Wann?
- Bitte um Bestätigung

An

Von

Betreff

10 Lesen Sie den Text. 8

Entscheiden Sie, ob die Aussagen 1–3 richtig sind. Kreuzen Sie an.

Den Stromanbieter wechseln? Wie geht das?

Berechnen Sie zuerst Ihren Stromverbrauch.

Dazu müssen Sie den für Ihre Wohnung passenden Stromzähler im Haus finden. Auf Ihrer Stromrechnung finden Sie die Nummer Ihres Stromzählers. Lesen Sie den Zähler am Monatsanfang und Monatsende ab und notieren Sie Ihren Verbrauch. Vergleichen Sie den mit den monatlichen Stromkosten, die auf Ihrer Stromrechnung stehen. Jetzt können Sie sich informieren, ob es einen günstigeren Anbieter gibt. Hierzu gibt es zahlreiche Online-Tarifrechner im Internet. Dort sehen Sie, welche Anbieter es an Ihrem Wohnort gibt, und Sie bekommen eine Liste der Preise und Vertragsbedingungen der einzelnen Anbieter.

Sie haben sich für einen neuen Anbieter entschieden?

Dann kann der Wechsel sehr schnell gehen. Der neue Anbieter kündigt für Sie Ihren Vertrag mit dem alten Anbieter. Sie müssen hier gar nichts tun und keine Angst haben, dass Sie eine Zeit lang ohne Strom sind. Sie müssen aber die Kündigungsfristen bei Ihrem alten Anbieter beachten.

Worauf sollten Sie achten?

Recherchieren Sie im Internet, wie der neue Anbieter bewertet wird. Schauen Sie nicht nur nach dem augenblicklich angebotenen Preis und nach Bonusangeboten. Gibt es für eine längere Zeit eine Preisgarantie? Wie lange sind die Vertragslaufzeiten, an die Sie gebunden sind? Diese können sehr lang sein, wenn die Preise besonders günstig sind. In dieser Zeit könnten Sie nicht noch einmal wechseln.

Ein Wechsel kann sinnvoll sein. Aber nehmen Sie sich Zeit!

		✓	✗
1	Bei der Berechnung des Stromverbrauchs hilft das Internet.	☐	☐
2	Sie brauchen selbst keinen Kündigungsbrief zu schreiben.	☐	☐
3	Bei einem Wechsel sollte man nicht nur auf die Kosten achten.	☐	☐

Lernwortschatz

> Schreiben Sie Beispielsätze mit Modalverben.

Energie
sparen — *Ich könnte viel mehr Energie sparen.*
verbrauchen
verschwenden

das Energiesparen
der Vorschlag
die Besprechung

Fenster
auf-/zumachen
öffnen/schließen
kippen

Heiz-/Stromkosten
senken
sparen

Heizung
auf-/abdrehen
an-/ausmachen

> Finden Sie weitere Substantive zu den Verben

Licht/Geräte — *Computer, Fernseher,*
an-/ausschalten
an-/ausmachen

die Umwelt
schonen — *Wir sollten die Umwelt schonen.*
belasten

der Vertrag
die Kündigung
kündigen
fristgerecht
die Bestätigung
schriftlich

benutzen – verwenden
allein – gemeinsam
lüften

indem

1 Besondere Ernährungsweisen

Ordnen Sie zu.

1 Wer sich vegan ernährt, isst keine
2 Wer Vegetarier ist, verzichtet auf
3 Wer Fertiggerichte isst,
4 Wer kein Gluten verträgt, vermeidet

a Fleisch.
b Getreideprodukte.
c nimmt Zusatzstoffe zu sich.
d tierischen Produkte.

2 Meinungen zu gesunder Ernährung

Was ist richtig? Ergänzen Sie *dass* | *denn* | *weil* | *warum.*

Ich verstehe nicht, ___1___ heute fast alle so viel über Ernährung reden. Ich verstehe das nicht, ___2___ es auf der Welt doch viel wichtigere Probleme gibt. Ich finde, ___3___ man essen soll, was einem schmeckt, ___4___ Essen soll doch Spaß machen. Ich liebe Fleisch!

Was ist richtig? Ergänzen Sie *aber* | *bevor* | *da* | *dass* | *damit (2x)* | *deshalb* | *ob* | *wenn.*

Auch ein guter Freund von mir hat früher Fleisch gegessen, ___5___ er Vegetarier war. Jetzt möchte er auch auf Produkte von lebenden Tieren verzichten und sich nur noch vegan ernähren. ___6___ macht er einen Kochkurs für vegane Ernährung und hat mich gefragt, ___7___ ich Interesse hätte mitzumachen. ___8___ ich gerne koche und es interessant finde, neue Ideen zu bekommen, ___9___ man sich nicht zu einseitig ernährt, habe ich mich auch angemeldet. Ich bin gespannt, denke aber nicht, ___10___ ich das könnte, mich ganz ohne Fleisch, Milchprodukte, Eier und Käse zu ernähren. ___11___ ich Fleisch kaufe, dann nur Biofleisch. Es ist teuer, ___12___ ich gebe gern mehr aus, ___13___ die Tiere gut behandelt werden und nicht aus der Massentierhaltung stammen.

3 Gesund leben. Konjunktiv II der Gegenwart

Was passt? Ergänzen Sie *könnte* | *wäre* | *hätte.*

Vieles ist ungesund. Aber oft schmeckt das, was ungesund ist. Ich zum Beispiel ___1___ keine Lust, nichts Süßes mehr zu essen, ich ___2___ auf Schokolade nicht verzichten. Nichts Süßes, das ___3___ nichts für mich.

Was passt? Ergänzen Sie *würde* | *könnte* | *hätte.*

Ich ___4___ gern Tipps für eine gesunde Ernährung. Ich ___5___ gern lernen, wie man gesund und lecker kocht. Vielleicht ___6___ ich ja einen Kochkurs zum Thema „Gesund kochen" machen.

4 *Hätte, wäre* – Konjunktiv II der Vergangenheit 2

a Ergänzen Sie.

1 Heute würde ich gern ein Essen machen, aber der Kühlschrank ist leer.

Gestern *hätte* ich gern ein Essen *gemacht*, aber der Kühlschrank war leer.

Gestern habe ich gekocht. (Es war lecker.)

Gestern hätte ich gern gekocht. (Ich hatte keine Zeit.)

Gestern bin ich geschwommen. (Es war schön.)

Gestern wäre ich gern geschwommen. (Ich hatte keine Zeit.)

2 Heute Abend würde ich gern mit dir ins Kino gehen, aber du hast ja keine Zeit.
Gestern Abend .... ich gern mit dir ins Kino ...., aber du hattest ja keine Zeit.

3 Ich würde gern weniger arbeiten, aber mein Chef ist nicht einverstanden.
Letzte Woche .... ich gern weniger ...., aber mein Chef war nicht einverstanden.

4 Juan würde später gern zu mir kommen, aber leider muss er arbeiten.
Gestern .... Juan gern zu mir ...., aber leider musste er arbeiten.

5 Ich würde gern für die Prüfung lernen, aber ich kann die Bücher nicht finden.
Gestern Abend .... ich gern für die Prüfung ...., aber ich konnte die Bücher nicht finden.

b Ergänzen Sie.

1 Wenn ich besser für die Prüfung *gelernt hätte*, dann hätte ich sie bestanden. (lernen)

2 Wenn ich gestern früher ins Bett *gegangen wäre*, dann wäre ich jetzt nicht so müde. (gehen)

3 Wenn die S-Bahn heute Morgen keine Verspätung ...., wäre ich pünktlich gekommen. (haben)

4 Wenn du gestern ...., wäre der Kühlschrank nicht so leer. (einkaufen)

5 Wenn Maria letzte Woche nicht nach Brasilien ...., könnte sie heute auf unsere Party kommen. (fahren)

6 Wenn du Kinokarten ...., dann könnten wir den Film sehen. (reservieren)

c Formen Sie die Sätze aus 4b um.

1 *Hätte ich besser für die Prüfung gelernt, dann hätte ich sie bestanden.*

2 ....

3 ....

4 ....

5 ....

6 ....

5 Essen – Vorlieben und Wünsche 3|4

a Ergänzen Sie die Wörter.

allergisch | Fleisch | Nachtisch | Rezept | schärfer | vegetarisch | verträgt

Am Wochenende kochen wir ....1.......... – Spaghetti mit Soße, ganz ohne Fleisch. Wir nehmen auch keinen Käse, da Ana Käse nicht ....2.......... . Das ....3.......... ist ganz einfach, Zwiebeln, frische Tomaten und natürlich viele Gewürze, Thymian und Oregano. Und um alles etwas ....4.......... zu machen, nehmen wir auch etwas Chili. Früher habe ich die Tomatensoße immer mit Hackfleisch zubereitet, aber es geht auch ohne ....5.......... und schmeckt genauso gut. Zum ....6.......... gibt es dann einen tollen Obstsalat, aber ohne Nüsse, da Eleni ....7.......... gegen Nüsse ist.

b Was essen Sie immer/oft/manchmal/selten/nie? Und warum?
Schreiben Sie einen Beitrag für das Internetforum *Und was esst ihr so?*.

Mark98:
Ich esse selten Fisch, weil ich den nicht zubereiten kann. Immer wenn ich zu Hause bin, macht meine Mutter für mich ein leckeres Fischgericht. Joghurt und Quark esse ich nie, denn das schmeckt mir nicht.

....

....

....

c Was würden Sie gerne einmal essen? Was würden Sie nie/nur ungern essen?
Schreiben Sie noch einen Beitrag für das Internetforum *Was würdest du gerne mal essen?*.

Maliha_38:
Ich würde so gerne einmal Sauerkraut und Klöße probieren! Leider gibt es im Restaurant immer nur Schweinefleisch dazu. Das würde ich aber niemals essen. Das ist bei uns verboten.

....

....

....

6 Verben mit Präpositionen 5

a Welche Präposition passt? Markieren Sie.

1	ausgeben	aus	mit	(für)
2	achten	für	auf	an
3	bestehen	mit	aus	von
4	sich ernähren	von	vor	aus
5	verzichten	an	auf	um
6	denken	von	an	über
7	sich ärgern	für	zu	über
8	sich interessieren	an	für	auf
9	warten	für	an	auf
10	sich freuen	über	an	vor
11	sich freuen	von	auf	zu
12	diskutieren	von	über	an
13	träumen	von	für	zu
14	sich vorbereiten	für	zu	auf

b Ergänzen Sie die Dialoge.

1 *Worauf* freust du dich?
Auf das Wochenende.
Darauf freue ich mich auch.

2 *Auf* wen freust du dich?
Auf meine Schwester.
Auf deine Schwester freue ich mich auch.

3 ▶ .... achtest du beim Kochen?
▷ Ich achte .... frische Zutaten.
▶ .... müsste ich auch mehr achten.

4 ▶ .... denkst du?
▷ .... meine Eltern.
▶ .... denke ich auch oft.

5 ▶ .... ernähren Sie sich am liebsten?
▷ .... frisch zubereitetem Essen.
▶ Ja, ... ernährt man sich am besten.

6 ▶ .... besteht diese Soße?
▷ .... Tomaten und Wasser.
▶ Nur ....? Schmeckt das?

7 ▶ .... haben Sie sich heute geärgert?
▷ .... den Busfahrer.
▶ .... den ärgere ich mich immer.

8 ▶ .... verzichten Sie beim Essen?
▷ .... Fertiggerichte und Konserven.
▶ .... würde ich auch verzichten.

9 ▶ .... hast du heute Nacht geträumt?
▷ .... unserem Lehrer.
▶ .... habe ich noch nie geträumt.

10 ▶ .... freust du dich?
▷ .... die Ferien nächste Woche.
▶ .... freue ich mich auch.

c Schreiben Sie weitere Dialoge.

....

....

....

....

....

7 Lebensmittel 6

a Ordnen Sie die Wörter den Kategorien zu. Ergänzen Sie die Artikel.

Becher | Käse | Apfel | Zwiebel | Nudeln | Milch | Sahne | Butter | Fleisch | Zitrone | Kartoffel | Brot | Praline | Birnen | Brötchen | Schokolade | Päckchen | Schnitzel | Banane | Salami | Orange | Hähnchen | Joghurt | Pflaumen | Liter | Weißbrot | Dose | Tomate | Salat | Mehl | Marmelade | Schinken | Fisch | Kuchen | Eis | Rindfleisch | Salz | Pfeffer | Gramm | Ei | Reis | Pfund | Öl | Kaffee | Tee | Apfelsaft | Wein | Bier | Wasser | Limonade | Kilo | Stück | Flasche

Milchprodukte	Getreideprodukte	Obst	Gemüse	Tierische Produkte
die Milch,	das Mehl,			

Süßes und Fette	Getränke	Gewürze	Mengen und Verpackungen

b Welche weiteren Lebensmittel kennen Sie noch? Ergänzen Sie die Tabelle.

8 *Jemand* oder *niemand*? 7

Was passt? Ergänzen Sie *jemand(en)* oder *niemand*. Hören Sie dann den Dialog zur Kontrolle. 40

▶ Wir kochen doch morgen. Hat ....1.......... eine Idee, was wir essen können?

▷ Vielleicht einen Salat.

▶ Super. Kennt ihr ....2.........., der eine gute Salatsoße machen kann?

○ Ja, Julia kann das gut. Hast du auch Paolo angerufen? Er wollte doch einen Nachtisch mitbringen.

▶ Ja, ich habe bei ihm zuhause angerufen, aber ....3.......... ist ans Telefon gegangen. Ich versuche es später noch einmal.

▷ Was wollen wir eigentlich morgen trinken? Ich kann einen tollen Kaffee besorgen.

○ Du, ich glaube nicht, dass abends noch ....4.......... Kaffee möchte.

▷ Ja, wahrscheinlich trinkt ....5.......... abends Kaffee außer mir.

9 *Irgend ...* 7

a Was passt? Ergänzen Sie *irgendwer, irgendwann, irgendwie, irgendwo.*

▶ Wann bist du im Restaurant *Zur Sonne* gewesen?
▷ ....1.......... im Sommer, ich weiß nicht mehr genau wann.
▶ Und wer hat dir das empfohlen?
▷ ....2.......... aus dem Deutschkurs. Ich glaube, es war Tom.
▶ Wo ist das Restaurant eigentlich?
▷ Ich kann mich nicht mehr genau erinnern. Es ist ....3.......... am Main.
▶ Wenn du das vergessen hast, war das Restaurant doch nicht so toll.
▷ Nein, ...4.......... hat mir das Essen dort gar nicht geschmeckt.

b Schreiben Sie die Fragen und antworten Sie mit dem passenden Pronomen.

~~Irgendwo.~~ | Irgendwann. | Irgendwie. | Mit irgendjemandem. | Nein, niemand.

1 du | wo | warst | gestern | ?

Wo warst du gestern? .... *Irgendwo.*

2 mit | hast | du | wem | gesprochen | ?

....

3 die | gemacht | Hausaufgaben | wie | hast | du | ?

....

4 geholfen | dabei | hat | jemand | dir | ?

....

5 wann | spazieren | wir | wieder | gehen | ?

....

c Beantworten Sie die Fragen mit *niemand* oder *jemand* im Akkusativ oder Dativ.

1 An wen denken Sie?

Ich denke an niemanden/jemanden.

2 Auf wen warten Sie?

....

3 Mit wem diskutieren Sie?

....

4 Über wen ärgern Sie sich?

....

5 Von wem träumen Sie?

....

10 Gesundes Leben 9

Sie hören zwei Gespräche. Dazu gibt es zwei Aufgaben. Entscheiden Sie bei jeder Aufgabe, ob die Aussage dazu richtig oder falsch ist und welche Antwort, a, b oder c, am besten passt. 41

1 Die beiden Personen sprechen über günstige Krankenkassentarife. ✓ ☐ ✗ ☐

2 Sie wollen
- a ☐ ihre Krankenkasse wechseln.
- b ☐ vielleicht ein Angebot der Krankenkasse nutzen.
- c ☐ von der Krankenkasse Geld zurückbekommen.

3 Oleg und Peter sind beim Abendessen. ✓ ☐ ✗ ☐

4 Oleg und Peter
- a ☐ essen gerne früh zu Abend.
- b ☐ haben schon einmal zusammen einen Kurs besucht.
- c ☐ interessieren sich für Essen ohne Fleisch.

11 Rückenschule – fit durch Bewegung 9

Ihre Krankenkasse bietet den Gesundheitskurs *Rückenschule – fit durch Bewegung* an. Wenn man an diesem Kurs regelmäßig teilnimmt, kann man Geld von der Krankenkasse zurückbekommen. Schreiben Sie Heinrich Musterfeld von Ihrer Krankenkasse eine E-Mail.

Schreiben Sie etwas zu folgenden Punkten:
- Grund für Ihr Schreiben
- Grund für Ihre Teilnahme
- Ort und Zeit
- Kosten

Die folgenden Satzbausteine können helfen.

Ich habe Interesse an ... | Ich interessiere mich für ... | Ich schreibe Ihnen, weil .... | Könnten Sie mir Informationen über ... | Weiter hätte ich gerne Informationen über ... | Könnten Sie mir mitteilen, ob ... | Weiter würde mich interessieren, ... | Vielen Dank im Voraus für Ihre Antwort.

An

Von

Betreff

Lernwortschatz

Schreiben Sie Beispielsätze.

Ernährung und Gesundheit

das Bioprodukt	*Ich kaufe immer Bioprodukte, weil sie gesund sind.*
das Biofleisch	
der biologische Anbau	
die Ernährung	
die Ernährungsgewohnheit	
das Gericht	
gesund/ungesund	
der Gesundheitskurs	
glutenfrei	
das Kochbuch	
die Massentierhaltung	
vegan	
der/die Vegetarier/in	
vegetarisch	

Ergänzen Sie die Artikel und Pluralformen

Lebensmittel

die	Allergie	*die Allergien*
	Fertiggericht	
	Fett	
	Geschmack	
	Getreide	
	Getreideprodukt	
	Hülsenfrucht	
	Qualität	

Verben

achten auf	
allergisch sein gegen	
bestehen aus	
enthalten	
erkennen an	
sich Gedanken machen über	
(bewusst) genießen	
leiden an/unter	
vertragen	
verzichten auf	
Wert legen auf	
zubereiten aus	

1 Schäden und Versicherungen

Welches Wort passt nicht? Streichen Sie durch.

1 einen Schaden verursachen – melden – kosten – reparieren
2 eine Versicherung abschließen – kündigen – verletzen – übernehmen
3 Kosten verursachen – übernehmen – regulieren – beschädigen
4 ein Auto versichern – zulassen – fahren – zusammenstoßen

2 Was ist hier passiert?

a Ergänzen Sie.

Blechschaden | Fahrzeug | Polizei | Unfall | Verletzten

25. Oktober. Heute kam es zu einem ……1…… auf der Babenhäuser Straße. Ein PKW fuhr gegen ein anderes ……2……. Er hatte die Vorfahrt nicht beachtet. Passanten riefen die ……3……. Zum Glück gab es keine ……4……, aber der ……5…… war erheblich.

Feuerwehr | Schaden | Versicherung | Wohnhäuser

24. Oktober. In der Nacht zum Montag verursachten schwere Stürme großen ……6……. Wie die ……7…… mitteilte, kam es vor allen Dingen zu Schäden an Dächern vieler ……8……. Die Polizei riet allen Betroffenen, schnell mit ihrer ……9…… Kontakt aufzunehmen.

Bargeld | Einbrecher | Straßenseite | Täter

Wer kennt diesen Mann?
Die Polizei bittet um Ihre Mithilfe. Ein noch unbekannter ……10…… brach am Mittwoch durch die Terrassentür eines Einfamilienhauses in der Lorcher Straße ein und stahl ……11…… und Schmuck. Einem Passanten, der zufällig auf der anderen ……12…… sein Auto parkte, gelang es, den ……13…… mit dem Handy zu fotografieren.

b Ein Zeuge erzählt. Ergänzen Sie das Perfekt.

Am Montag *habe* ich nicht so lange *gearbeitet* (arbeiten). Ich .... früher von der Arbeit .... (kommen) und .... gegen 15.30 Uhr mein Auto gegenüber der Lorcher Straße 12 .... (parken). Plötzlich .... ich einen Mann .... (sehen), der aus der Terassentür kam. Ich .... sofort .... (merken), dass das ein Einbrecher war, und .... schnell mit meinem Handy ein Foto von dieser Person .... (machen). Danach .... ich sofort die Polizei .... (anrufen).

3 Versicherungen 1

a Ordnen Sie den Text.

a eine Kfz-Haftpflichtversicherung abschließen. Jeder Autofahrer muss diese Versicherung haben, sie ist

b und mit einem anderen Auto zusammenstößt, zahlt die Versicherung die Reparatur des anderen Autos.

c die Kosten für die ärztliche Behandlung. Die Haftpflichtversicherung zahlt aber nur den Schaden an anderen Fahrzeugen;

d Person entstehen. Wenn man zum Beispiel die Vorfahrt nicht beachtet

e Ella und Martin haben ein Auto gekauft und müssen, bevor sie das Auto zulassen können,

f ein Schaden am eigenen Auto wird nicht übernommen.

g Wenn der Fahrer des anderen Autos bei dem Unfall verletzt wird, übernimmt die Versicherung auch

h gesetzlich vorgeschrieben. Wenn man einen Unfall verursacht, ist man so gegen Sach- und Personenschäden versichert, die einer anderen

1 [e] 3 [ ] 5 [ ] 7 [ ]

2 [ ] 4 [ ] 6 [ ] 8 [ ]

b Was passt? Ergänzen Sie.

abschließen | Diebstahl | Schaden | versichern | verursacht

Man kann sich auch gegen Schäden am eigenen Auto ....1.......... . Dazu kann man eine Zusatzversicherung ....2.......... . Bei der Teilkaskoversicherung ist man gegen Schäden zum Beispiel durch Feuer oder Sturmschaden versichert, aber auch gegen ....3.......... oder Einbruch. Es gibt auch noch die Vollkaskoversicherung, diese zahlt auch einen ....4.......... am eigenen Auto bei einem Unfall, den man selbst ....5.......... hat. Diese Versicherung ist aber sehr teuer.

4 Partizip II 2

a Formulieren Sie um.

1 Der Computer wurde repariert. – *der reparierte Computer*
2 Das Fahrrad wurde gestohlen. – ……
3 Der Fahrer wurde verletzt. – ……
4 Das Restaurant ist geschlossen. – ……
5 Die Tür wurde gestrichen. – ……

b Ergänzen Sie die Sätze.

1 Ein gestohlenes Auto ist ein Auto, *das gestohlen wurde*.
2 Ein verletzter Fußgänger ist ein Fußgänger, der ……
3 Eine abgeschlossene Versicherung ist eine Versicherung, ……
4 Ein beschädigtes Dach ist ein Dach, ……
5 Eine geöffnete Tür ist eine Tür, ……

6 Gestiegene Preise sind Preise, *die gestiegen sind*.
7 Geöffnete Fenster sind Fenster, ……
8 Umgefallene Bäume sind Bäume, ……

9 Eine geschlossene Tür ist eine Tür, *die geschlossen ist*.
10 Ein gebrauchtes Auto ist ein Auto, das ……
11 Ein betrunkener Fahrer ist ein Fahrer, ……

c Ersetzen Sie den bestimmten durch den unbestimmten Artikel. Achten Sie auf die Adjektivendungen.

1 der reparierte Computer – *ein reparierter Computer*
2 die geschlossene Tür – ……
3 das geöffnete Fenster – ……
4 die gestiegenen Kosten – ……
5 der verursachte Unfall – ……
6 die korrigierten Hausaufgaben – ……

d Ergänzen Sie die Endungen.

e | e | en | er

Ein betrunken …1… Autofahrer verursachte gestern einen Verkehrsunfall. Er fuhr gegen eine Mauer. Die Feuerwehr befreite den verletzt …2… Fahrer aus dem Auto und brachte ihn ins nächst …3… Krankenhaus. Das beschädigt …4… Fahrzeug wurde in die Werkstatt gebracht.

e | e | en | es

Der von der Polizei gesucht …5… Einbrecher, der am Samstag durch die geöffnet …6… Terrassentür in der Lohmannstraße 12 in ein neu renoviert …7… Einfamilienhaus eingebrochen ist, wurde heute von der Polizei festgenommen. Die gestohlen …8… Sachen wurden alle bei dem Mann gefunden.

5 Mit dem Auto oder mit dem Fahrrad? 3

Schreiben Sie Vergleiche.

schnell | langsam | bequem | viel Platz | wenig Platz | umweltfreundlich | preiswert | teuer | sicher | ...

Ich finde, im Auto fährt man bequemer als auf dem Fahrrad.
Meiner Meinung nach ist das Fahrrad ...

6 *Je ..., desto ...* 4

a Ergänzen Sie die Sätze.

1 Je größer ein Auto ist, desto ....
2 Je älter ein Auto ist, umso ....
3 Je bunter ein Auto ist, desto ....
4 Je günstiger ein Auto ist, desto ....
5 Je mehr PS ein Auto hat, umso ....
6 Je sicherer ein Auto ist, umso ....

b Schreiben Sie Sätze.

1 viel deutsches Radio hören/gut Deutsch verstehen
2 lange arbeiten/müde werden
3 früh abends ins Bett gehen/gut am Morgen aufstehen
4 viel Kaffee trinken/nervös werden
5 Wetter gut sein/glücklich sein
6 viel lernen/meine Berufschancen gut sein

1	*Je*	*mehr*	*deutsches Radio ich höre,*	*desto/umso*	*besser*	*verstehe ich Deutsch.*
2						
3						
4						
5						
6						

7 Autoteile 6

Finden Sie alle elf Autoteile waagerecht und senkrecht (→ ↓)? Notieren Sie auch die Artikel.

A	R	R	O	T	P	B	L	I	N	K	E	R	M	A	L	B
L	Ü	M	O	T	O	R	E	S	G	U	T	E	S	U	R	R
T	C	B	E	I	R	E	I	F	E	N	O	A	P	J	A	E
T	K	N	N	U	M	M	E	R	N	S	C	H	I	L	D	M
U	L	S	T	O	ß	S	T	A	N	G	E	A	E	L	B	S
W	I	N	D	S	C	H	U	T	Z	S	C	H	E	I	B	E
K	C	E	R	M	O	T	O	R	H	A	U	B	E	X	U	W
L	H	O	T	A	X	E	S	P	I	E	G	E	L	T	N	V
U	T	A	U	K	O	F	F	E	R	R	A	U	M	A	B	E

die Windschutzscheibe ……… ……… ………

……… ……… ………

……… ……… ………

……… ……… ………

8 Was war vorher? 7–8

Ergänzen Sie die Verben im Plusquamperfekt.

abfahren | anfangen | arbeiten | schneien | sparen | suchen | vergessen

1 Pavel kam heute Abend spät nach Hause, weil er lange gearbeitet hatte.
2 Um 19.45 Uhr war er an der Bushaltestelle. Zu spät! Der Bus ……… schon ……… .
3 Pavel kam um 20 Uhr zum Kino. Zu spät! Der Film ……… schon ……… .
4 Am Samstag wollte ich mit Freunden kochen. Ich ……… aber ……… einzukaufen!
5 Letztes Jahr haben wir uns ein neues Auto gekauft. Wir ……… lange dafür ……… .
6 Mohammed hat endlich eine neue Wohnung gefunden. Er ……… sehr lange ……… .
7 Heute Morgen gab es viele Unfälle. In der Nacht ……… es stark ……… .

9 Perfekt oder Plusquamperfekt? 7–8

Was passt? Ergänzen Sie: *bin | habe | war | hatte*

Gestern wollte ich mit meiner Freundin ins Kino gehen. Ich war aber zu spät. Ich ……(1)…… nämlich vergessen auf die Uhr zu sehen. Als ich zum Kino gekommen ……(2)……, ……(3)…… der Film schon angefangen. Als ich dann meine Freundin anrufen wollte, ……(4)…… ich bemerkt, dass ich mein Handy zu Hause vergessen ……(5)……. Ich ……(6)…… dann wieder nach Hause gegangen und ……(7)…… gesehen, dass jemand auf der Mailbox meines Handys eine Nachricht hinterlassen ……(8)……. Es war meine Freundin, sie ……(9)…… gesagt, dass sie schon in den Film gegangen ……(10)……, weil sie nicht länger warten wollte.

10 Komposita 7–8

a Bilden Sie Komposita und notieren Sie die Artikel.

~~Dieb-~~ | Gebraucht- | Haftpflicht- | Koffer- | Nummern- | Park- | Park- | Personen- | Sach- | Schein- | Straßen- | Teil- | Rück- | Versicherungs-

-kasko | -licht | -lücke | -platz | -raum | -schaden | -schaden | -schutz | -schild | ~~-stahl~~ | -verkehr | -versicherung | -wagen | -werfer

der Diebstahl ....

b Ergänzen Sie die Sätze mit Wörtern aus Aufgabe 10a.

1 Bei dem Verkehrsunfall entstand nur ...., kein Personenschaden.
2 Vorne waren der .... links, hinten das rechte .... kaputt.
3 Diese Versicherung bietet guten ....
4 Das Autokennzeichen steht auf dem ....
5 Die .... zahlt Schäden, die einer dritten Person entstanden sind.
6 Wir kaufen einen ...., keinen Neuwagen.
7 Tu das Gepäck in den ....
8 Mein Auto wurde gestohlen. Ich habe den .... bei der Polizei gemeldet.
9 Die .... zahlt auch Schäden am eigenen Auto.
10 Gibt es hier einen ....? Ja, da ist eine .... Da kannst du das Auto hinstellen.

11 Ein Notruf 9

42 Ergänzen Sie. Hören Sie den Dialog dann zur Kontrolle.

bleiben | melden | schicken | verletzt | passiert | zusammengestoßen

▶ Guten Morgen, mein Name ist Tomek Sikora. Ich möchte einen Unfall ....
▷ Wann und wo ist der Unfall ....?
▶ Vor einer Viertelstunde. Hier in Frankfurt, auf der Schweizer Straße, Ecke Textorstraße. Ein Autofahrer ist mit einem Fahrrad ....
▷ Gibt es Verletzte?
▶ Ja, der Radfahrer liegt auf dem Boden. Ich weiß nicht, wie schwer er .... ist.
▷ Wir kommen sofort. Bitte .... Sie am Unfallort. Wir .... auch den Krankenwagen.

12 Zwei Gespräche 9

Sie hören zwei Gespräche. Dazu gibt es zwei Aufgaben. Entscheiden Sie bei jeder Aufgabe, ob die Aussage dazu richtig oder falsch ist und welche Antwort, a, b oder c, am besten passt. 43

1 Frau Tomuschat arbeitet bei einer Versicherung. ✓ ☐ ✗ ☐

2 Frau Tomuschat
- a ☐ möchte Ihre Versicherungen wechseln.
- b ☐ sucht eine Beratung, welche Versicherungen für sie wichtig sind.
- c ☐ hat schon oft private Schäden verursacht.

3 Herr Roth ist nicht verletzt. ✓ ☐ ✗ ☐

4 Herr Roth
- a ☐ soll auf die Polizei warten.
- b ☐ soll bei der Polizei vorbeikommen.
- c ☐ soll zum LKW gehen.

13 Schadensmeldungen 9

Beispiel: 0 a ☐ Liebe
b ☒ Sehr
c ☐ Viel

a Welche Lösung (a, b oder c) passt? Kreuzen Sie an.

An	versicherung@schadensmeldung.de
Von	karim.moussa@deu.de
Betreff	Schadensmeldung

___0___ geehrte Damen und Herren,

hiermit möchte ich mitteilen, ___1___ ich am 2. Dezember 20XX um 14.30 Uhr am Fahrzeug von Frau Margarete Summerer im Parkhaus Am Dom einen ___2___ verursacht habe. Ihre Adresse ist: Grüne Straße 12, 60316 Frankfurt.

Folgendes ist passiert: ___3___ ich sehr vorsichtig fuhr, stieß ich beim Einparken versehentlich an ihren linken Seitenspiegel, der ___4___ den Boden fiel und zerbrochen ist. Eine genaue Auflistung des Schadens plus Unfallskizze und Fotos finden Sie in der ___5___.
___6___ Sie sich bitte so schnell wie möglich mit Frau Summerer in Verbindung setzen? Vielen Dank im Voraus.

Mit freundlichen Grüßen
Karim Moussa

1	2	3	4	5	6
a ☐ dass	a ☐ Schaden	a ☐ Nachdem	a ☐ an	a ☐ Ablage	a ☐ Könnten
b ☐ weil	b ☐ Verletzung	b ☐ Obwohl	b ☐ auf	b ☐ Anlage	b ☐ Müssten
c ☐ wenn	c ☐ Versicherung	c ☐ Trotzdem	c ☐ bei	c ☐ Beilage	c ☐ Sollten

b Sie haben bei Bekannten versehentlich etwas beschädigt. Schreiben Sie Ihrer Haftpflichtversicherung eine Schadensmeldung. Der Brief in Aufgabe 13a kann helfen.

Schreiben Sie über die Punkte rechts im gelben Kasten. Vergessen Sie nicht die Anrede und den Gruß.

- Grund für Ihr Schreiben
- Was ist beschädigt?
- Wie ist es passiert?
- Was Sie möchten

Lernwortschatz

Schreiben Sie Beispielsätze.

Versicherungen

der Diebstahl, die Diebstähle
der Einbrecher
der Einbruch
die Kosten (Pl.)
der Personenschaden
der Sachschaden
der Schaden
die Versicherung — *Diese Versicherung ist günstig.*
abdecken
abschließen
aufkommen für
beschädigen
kündigen
melden
regulieren
stehlen
tragen
übernehmen
verursachen
die Haftpflichtversicherung
die Kfz-Haftpflichtversicherung
die Teilkaskoversicherung
die Vollkaskoversicherung

Wie heißen diese Autoteile in Ihrer Sprache? Übersetzen Sie.

Rund ums Auto

der Autounfall
der Blechschaden
der Blinker
die Bremse
der Gebrauchtwagen
die Heckscheibe
der Kofferraum
die Motorhaube
der Neuwagen
das Nummernschild
PS
das Rad
der Reifen
das Rücklicht
der Scheinwerfer
der Spiegel
die Stoßstange
die Tür
die Windschutzscheibe

Tests

- Mit den Zwischentests zu den Lektionen 7–9 und 10–12 können Sie kontrollieren, wie viel Sie dazugelernt haben. Außerdem bereiten die Zwischentests Sie schrittweise auf den Übungstest *Deutsch-Test für Zuwanderer* vor.

- Mit dem Übungstest *Deutsch-Test für Zuwanderer* können Sie ausprobieren, ob Sie das Niveau B1 schon erreicht haben.

- Einen weiteren kompletten Übungstest finden Sie auf unserer Webseite.

- Bitte markieren Sie die richtige Antwort auf dem Antwortbogen so:

1	☒	☐	☐	1
	a	b	c	

Hören, Teil 1

44 Sie hören drei Gespräche. Zu jedem Gespräch gibt es zwei Aufgaben. Entscheiden Sie bei jedem Gespräch, ob die Aussage dazu richtig oder falsch ist und welche Antwort (a, b oder c) am besten passt.

TIPP

Die erste Aufgabe fragt nach der Situation. Die zweite Aufgabe fragt nach Einzelheiten.

1 Die Personen kennen sich schon. ☐ richtig ☐ falsch

2 Worüber sprechen die beiden?
- **a** über die Übersetzung von Dokumenten
- **b** über einen Arabischkurs
- **c** über Herrn Al Kasmis Noten

☐ a ☐ b ☐ c

3 Die Arbeitskollegen unterhalten sich beim Mittagessen. ☐ richtig ☐ falsch

4 Die Frau möchte, dass der Mann
- **a** neue Bildunterschriften schreibt.
- **b** später noch Druckerpapier bestellt
- **c** Teile eines Dokumentes prüft.

☐ a ☐ b ☐ c

5 Der Mann ruft bei einem Reisebüro an. ☐ richtig ☐ falsch

6 Herr Werder
- **a** kann den Reisepass online beantragen.
- **b** muss in vier Wochen verreisen.
- **c** soll lieber einen Termin vereinbaren.

☐ a ☐ b ☐ c

Hören, Teil 2

Sie hören Aussagen zu einem Thema. Welcher der Sätze a–f passt zu den Aussagen 7–9?
Lesen Sie jetzt die Sätze a–f. Dazu haben Sie eine Minute Zeit.
Danach hören Sie die Aussagen.

7 ☐ a ☐ b ☐ c ☐ d ☐ e ☐ f

8 ☐ a ☐ b ☐ c ☐ d ☐ e ☐ f

9 ☐ a ☐ b ☐ c ☐ d ☐ e ☐ f

Beispiel
☐ a ☐ b ☐ c ☐ d ☒ e ☐ f

- **a** Bei Bewerbungen ohne persönliche Angaben haben alle die gleichen Chancen.
- **b** Bewerbungen mit weniger persönlichen Daten würden die Auswahl leichter machen.
- **c** Bewerbungsunterlagen ohne Namen sind verboten.
- **d** Die meisten Personalchefs lehnen Bewerbungsformulare ab.
- **e** Ich weiß noch nicht, was ich von solchen Bewerbungen halten soll.
- **f** Persönliche Bewerbungen sind wichtig.

Lesen

Lesen Sie die Situationen 10–14 und die Anzeigen a–h. Finden Sie für jede Situation die passende Anzeige. Für eine Aufgabe gibt es keine Lösung. Markieren Sie in diesem Fall ein X.

10 Sie möchten in einem Hotel am Empfang arbeiten. Sie haben keine Berufserfahrung. ☐ a ☐ b ☐ c ☐ d ☐ e ☐ f ☐ g ☐ h ☐ x

11 Ihre Freundin hat früher einige Jahre als Sekretärin gearbeitet. Sie sucht eine Teilzeitstelle in einem Büro. ☐ a ☐ b ☐ c ☐ d ☐ e ☐ f ☐ g ☐ h ☐ x

12 Herr Saal ist Koch. Am liebsten möchte er in einem großen Hotel arbeiten. ☐ a ☐ b ☐ c ☐ d ☐ e ☐ f ☐ g ☐ h ☐ x

13 Markus hat seine Ausbildung zum Gesundheitstrainer abgeschlossen. Nun sucht er Arbeit. ☐ a ☐ b ☐ c ☐ d ☐ e ☐ f ☐ g ☐ h ☐ x

14 Ihr Sohn arbeitet in einer Autowerkstatt. Er möchte eine neue Stelle als Mechatroniker. ☐ a ☐ b ☐ c ☐ d ☐ e ☐ f ☐ g ☐ h ☐ x

a

Hotel Zur Welle | Starnberg

Um unser Team zu ergänzen, suchen wir ab sofort:

Fitnesstrainer m/w/d
für Gäste und Mitarbeiter

Voraussetzungen:
- abgeschlossene Ausbildung im Bereich Gesundheit und Sport
- hohe Einsatzbereitschaft
- Freude am Umgang mit Menschen

Jahresstelle, freie Verpflegung, Entlohnung nach Vereinbarung

Bewerbungen bitte an: blick@see.net

b

Unterstützen Sie unser Team ab sofort als

Leiter/in im Sekretariat
Vollzeit/40 Wochenstunden

Ihr Aufgabenbereich:
Assistenz des Geschäftsführers
Leitung der Büroverwaltung
Ansprechperson für Kunden

Voraussetzungen:
Abgeschlossene Ausbildung (Kauffrau/mann für Büromanagement)
Gute kommunikative Fähigkeiten
Englisch auf der Stufe C1 (bitte mit telc Zertifikat)

Wir bieten:
Arbeit in einem starken Unternehmen
laufende Weiterbildung
sehr guten Lohn (abhängig von der Erfahrung)

Bewerbungen mit Foto bitte an:
Epsilon-CON
z. H. Frau Niederreiter
Waldmeisterallee 28–32
79089 Freiburg i. Br.

c

Kfz-Mechatroniker (m/w/d)
in 48153 Münster

Ihre Aufgaben
- Service-Arbeiten
- Reparaturen
- allgemeine Tätigkeiten eines Kfz-Mechatronikers

Voraussetzungen
- abgeschlossene Ausbildung als Kfz-Mechatroniker
- Führerschein Klasse B
- Berufserfahrung
- gute Deutschkenntnisse

Wir bieten
Vollzeitbeschäftigung in einem guten Arbeitsklima

Terminvereinbarung
unter 0251 115588,
Herr Petkovic

d

FITNESS-CLUB STERN

REZEPTIONISTIN/REZEPTIONIST

Wir suchen ab November
für 12 Stunden pro Woche
eine/einen Mitarbeiterin/Mitarbeiter am
Empfang für unseren Club in Köln.

Keine besonderen Voraussetzungen!

Wenn du jung, sportlich und flexibel bist und gerne mit Menschen kommunizierst, dann fülle unser Bewerbungsformular aus!

e

Hotel – keine Berufserfahrung!

Für eine große Hotelkette in Hamburg suchen wir dringend Bewerberinnen und Bewerber für den

Zimmerdienst

Sie arbeiten als Reinigungskraft in den Zimmern.

Voraussetzungen:
Keine besonderen Vorkenntnisse
Gepflegtes Aussehen
Arbeiten an Wochenenden und Feiertagen

Interessiert?
Rufen Sie noch heute an:
040 089 67 45

f

AVLG Arbeitsvermittlung

Assistent/in
in Teilzeit

Wir suchen für einen Kunden in der Autoindustrie eine Assistentin/einen Assistenten für 20 Wochenstunden.

Zu Ihren Bürotätigkeiten gehören die Arbeit am Empfang und Telefonvermittlung, die Unterstützung bei Bestellungen und der Schriftverkehr.

Sie haben eine kaufmännische Ausbildung und mehrere Jahre Berufserfahrung, sehr gute Deutsch- und Englischkenntnisse (Deutsch: mind. C1, Englisch: B2) und sehr gute Kenntnisse in MS-Office. Sie arbeiten selbständig und genau.

Gehalt: abhängig von Ausbildung und Erfahrung

Jetzt bewerben!

g

Für unser Hotel in der
Frankfurter Innenstadt
suchen wir ab sofort
eine/einen motivierte/n

Rezeptionistin/Rezeptionisten

Erfahrung im Bereich Hotelempfang ist nicht notwendig.

Was Sie brauchen, sind sehr gute Deutsch- und Englischkenntnisse, jeweils C1 oder höher. Weitere Sprachen willkommen.

Wenn Sie außerdem gut organisieren können und Spaß am Umgang mit Gästen und ihren Wünschen haben, dann sind Sie bei uns richtig!

Wir bieten eine 40-Stunden-Anstellung mit geregelten Arbeitszeiten, kostenlose Verpflegung und eine faire Entlohnung.

Zur elektronischen Bewerbung mit Foto geht es *hier*.

h

Fahrzeugtechnik
Entwicklungstechniker

(m/w/d)

Sie arbeiten an der Entwicklung neuer Produkte und übernehmen die Projektleitung (Kosten, Qualität, Termine ...).

Sie haben ein abgeschlossenes Studium (Kraftfahrzeugtechnik oder Elektronik) und mehrjährige Erfahrung.

Wir bieten Ihnen interessante Aufgaben in einem internationalen Unternehmen.

Interesse? Details unter
www.rieder-technik.com/offene-stellen

Sprechen

Gemeinsam etwas planen

Sie und Ihre Partnerin/Ihr Partner sollen im Deutschkurs Ihre Heimatländer präsentieren.
Sie überlegen, wie Sie das am besten machen könnten.

Hier sind einige Ideen:

Plakate mit Infos?
Zum Beispiel: wo liegt das Land, wie viele Einwohner, Geschichte – früher, heute etc.

Fotos?
Eigene Fotos oder aus dem Internet?
Musik (Instrument? CDs?)

Essen aus Ihrer Heimat (wer bringt was mit?)
Feste?
Traditionen?

Kleidung?
... ?

Und hier sind einige Redemittel:

Wir könnten ...

Ich würde ...

Ich schlage vor, dass ...

Gute Idee!

Was hältst du davon, wenn ...

Ich habe noch eine Idee ...

Wir könnten auch ...

Einverstanden!

Einverstanden?

Was meinst du?

Hören, Teil 1

> **TIPP**
> Hören Sie genau zu: Wonach wird gefragt?

45 Sie hören drei Ansagen aus dem Radio. Zu jeder Ansage gibt es eine Aufgabe. Welche Lösung (a, b oder c) passt am besten?

1 Weshalb musste die Feuerwehr in der Nacht ausrücken?

a um bei Verkehrsunfällen zu helfen
b um umgefallene Bäume zu entfernen
c um verletzte Personen zu retten

☐ a ☐ b ☐ c

2 Welche Informationen bekommen Sie gerade?

a Hinweise für Wochenendveranstaltungen
b Informationen zum Radioprogramm
c Ratschläge für Stresssituationen

☐ a ☐ b ☐ c

3 Was können junge Fahrer bei der Veranstaltung tun?

a eine Kfz-Versicherung abschließen
b sich über Versicherungen informieren
c verschiedene Autoclubs vergleichen

☐ a ☐ b ☐ c

Hören, Teil 2

> **TIPP**
> Erinnern Sie sich?
> Hier geht es um die Hauptaussage.
> Welche Meinung haben die einzelnen Personen?

Sie hören Aussagen zu einem Thema. Welcher der Sätze a–f passt zu den Aussagen 4–6?

Lesen Sie jetzt die Sätze a–f. Dazu haben Sie eine Minute Zeit.

Danach hören Sie die Aussagen.

Beispiel
☒ a ☐ b ☐ c ☐ d ☐ e ☐ f

4 ☐ a ☐ b ☐ c ☐ d ☐ e ☐ f

5 ☐ a ☐ b ☐ c ☐ d ☐ e ☐ f

6 ☐ a ☐ b ☐ c ☐ d ☐ e ☐ f

a Am Arbeitsplatz ist Wissen wichtiger, als Gefühle es sind.

b Es ist gut, wenn man Gefühle am Arbeitsplatz zeigt.

c Jeder Mensch soll so viel Gefühl zeigen dürfen, wie er möchte.

d Mit Gefühlen am Arbeitsplatz habe ich schlechte Erfahrungen gemacht.

e Vorgesetzte müssen lernen, besser auf ihre Gefühle zu hören.

f Wenn man nicht über Gefühle spricht, wird man krank.

Lesen, Teil 1

Sie lesen ein Programmheft über Weiterbildungskurse. Lesen Sie die Aufgaben 7–10 und das Kursprogramm. Wo (a, b oder c) finden Sie etwas Passendes?

Beispiel

Sie möchten etwas bestellen. Was sollen Sie tun?

a Gesellschaft und Persönlichkeit **b** Service
c Wirtschaft und Politik

☐ a ☒ b ☐ c

7 Ihr Sohn will Programme für technisches Zeichnen kennenlernen.

a Computer und Multimedia **b** Kunst und Kultur
c Naturwissenschaften und Technik

☐ a ☐ b ☐ c

8 Ein Freund möchte mehr über Lebensmittel erfahren.

a Gesellschaft und Politik **b** Gesundheit und Bewegung
c Naturwissenschaften und Technik

☐ a ☐ b ☐ c

9 Sie suchen einen Kurs über Arbeitsgesetze.

a Gesellschaft und Persönlichkeit **b** Service
c anderer Bereich

☐ a ☐ b ☐ c

10 Ihre Mutter möchte Klavierspielen lernen.

a Gesundheit und Bewegung **b** Kunst und Kultur
c Naturwissenschaften und Technik

☐ a ☐ b ☐ c

KURSE	
WIRTSCHAFT UND POLITIK	Arbeitsrecht – Bewerbungen – Kommunikation und Präsentation – Management & Marketing – Mitarbeiterführung – Rechnungswesen
GESELLSCHAFT UND PERSÖNLICHKEIT	Arbeitsmethoden – Konfliktlösung – Psychologie und Selbsterfahrung – Stimmbildung und Sprechtechnik – Zeitmanagement
NATURWISSENSCHAFTEN UND TECHNIK	Energie und Umwelt – technische Software – Metalltechnik – Steuerungstechnik
COMPUTER UND MULTIMEDIA	Betriebssysteme – Datensicherheit – IT-Einführung – Textprogramme
KUNST UND KULTUR	Film – Fotografie – Handwerk – Musik – Theater
GESUNDHEIT UND BEWEGUNG	Ernährung – Gymnastik – Tanz – Yoga – Stress
SERVICE	Förderungen – Kontakt – Kursorte – Kurszeiten – Team – Vortragende

Lesen, Teil 2

Lesen Sie den Text. Zu dem Text gibt es zwei Aufgaben. Entscheiden Sie, ob die Aussage richtig oder falsch ist und welche Antwort (a, b oder c) am besten passt.

TIPP

Lesen Sie genau:
Die erste Aufgabe betrifft eine wichtige Aussage des Textes. Die zweite Aufgabe betrifft Einzelheiten.

Sehr geehrter Herr Kathun,

mit diesem Schreiben erhalten Sie Ihre aktuelle Versicherungsurkunde. Die Abrechnung finden Sie auf dem beigefügten Kontoauszug.

Wir bitten Sie, den auf dem Zahlschein angeführten Betrag von 20,71 Euro innerhalb von zwei Wochen zu zahlen.

Für Überweisungsträger berechnen wir eine Gebühr von je 2,50 Euro. Diese Gebühr ist bereits in dem Betrag von 20,71 Euro enthalten und braucht nicht zusätzlich gezahlt zu werden.

Sie brauchen diese Gebühr in Zukunft nicht zu zahlen, wenn wir die nächsten Zahlungen automatisch von Ihrem Konto abbuchen können. Damit sind Sie auch sicher, dass Ihre Zahlungen immer pünktlich bei uns eingehen. Wenn Sie die Zahlungen von Ihrem Konto abbuchen lassen möchten, wenden Sie sich bitte an Ihre Bank.

Mit freundlichen Grüßen
RIBAZ Versicherung

11 Die Versicherung braucht einen Bankauszug von Herrn Kathun. ☐ richtig ☐ falsch

12 Die Gebühr für den Überweisungsträger

a kann Herr Kathun sparen.
b muss Herr Kathun noch separat zahlen.
c wird die Versicherung abbuchen lassen.

☐ a ☐ b ☐ c

Lesen, Teil 3

Lesen Sie den Text. Entscheiden Sie, ob die Aussagen 13–15 richtig oder falsch sind.

Heilmittel mit Baldrian

Baldrian (Valeriana officinalis) ist eine Heil- oder Arzneipflanze. Viele pflanzliche Arzneimittel, die in Deutschland zugelassen sind, enthalten Baldrian. Diese Mittel werden gerne bei Konzentrationsstörungen, Kopfschmerzen, Schlafproblemen, Nervenschmerzen und Stress verwendet.

Wirkungen

Die heilende Wirkung entsteht wahrscheinlich aus dem Zusammenspiel mehrerer Wirkstoffe, die in der Pflanze enthalten sind. Die Wirkung hängt davon ab, wie viel man davon einnimmt. Schon geringe Mengen von Baldrian reichen, um tagsüber die Konzentration zu verbessern und Nervosität zu reduzieren. Viele Menschen berichten, dass Baldrian ihnen dabei hilft, besser mit Stress fertigzuwerden. Damit Baldrian beruhigen und beim Schlafen helfen kann, muss er am Abend vor dem Schlafengehen und in größeren Mengen eingenommen werden. Die positive Wirkung betrifft sowohl die Einschlafzeit als auch die Schlafqualität. Es dauert drei bis vier Wochen, bis die gewünschte Wirkung eintritt.

Einnahme
Man kann Baldrian als Tee trinken oder in Form von Tabletten einnehmen. Als Badezusatz wirkt Baldrian gegen Muskelverspannungen. Oft wird das Mittel mit anderen Heilpflanzen vermischt, damit es noch besser wirkt.
Wenn man Baldrian mit anderen Schlafmitteln oder Beruhigungsmedikamenten einnimmt, kann die Wirkung dieser Mittel verstärkt werden. Man sollte ihn niemals in Kombination mit Alkohol einnehmen.

Nebenwirkungen
Im Allgemeinen ist Baldrian gut verträglich und hat kaum Nebenwirkungen. In sehr seltenen Fällen kann es zu Magen-Darm-Problemen und extrem selten zu allergischen Reaktionen kommen. Andere berichtete Nebenwirkungen sind Kopfschmerzen und Unruhe.

13 Mittel mit Baldrian werden in Deutschland selten zugelassen. ☐ richtig ☐ falsch

14 Mit Baldrian kann man schneller einschlafen. ☐ richtig ☐ falsch

15 Wenn man Baldrian nimmt, sollte man keinen Alkohol trinken. ☐ richtig ☐ falsch

Schreiben

Wählen Sie Aufgabe A oder Aufgabe B.
Zeigen Sie, was Sie können.
Schreiben Sie möglichst viel.

TIPP

Sie kennen schon viele Konjunktionen, zum Beispiel: *denn, deshalb, deswegen, bevor, nachdem, während, seitdem, weil, damit, dadurch, als, zwar, aber, obwohl.* Versuchen Sie, sie in Ihrem Schreiben zu verwenden.

Aufgabe A

Sie hatten einen Autounfall. Melden Sie Ihrer Versicherung den Schaden per E-Mail.
Schreiben Sie etwas über folgende Punkte. Vergessen Sie nicht die Anrede und den Gruß.

- Grund für Ihr Schreiben
- Was passiert ist
- Schaden
- Was weiter tun? ODER: Was Sie möchten

oder

Aufgabe B

Sie haben ein Auto gekauft und brauchen eine Versicherung. Schreiben Sie eine E-Mail an die Versicherungsmitarbeiterin, Frau Monique Riguel.
Schreiben Sie etwas über folgende Punkte. Vergessen Sie nicht die Anrede und den Gruß.

- Grund für Ihr Schreiben
- Fahrzeug beschreiben
- Welche Versicherung?
- Kosten

Hören, Teil 1

46 Sie hören vier Ansagen. Zu jeder Ansage gibt es eine Aufgabe. Welche Lösung (a, b oder c) passt am besten? Markieren Sie Ihre Lösungen für die Aufgaben 1–4 auf dem Antwortbogen.

Beispiel
Sie möchten etwas bestellen. Was sollen Sie tun?
a Die „0" wählen **b** Die Taste „1" drücken **c** Mit einem Mitarbeiter sprechen

☐ a ☒ b ☐ c

1 Was soll Herr Rossi machen?
a Den anderen Teilnehmern Bescheid sagen. **b** In der Sprachschule anrufen.
c Sofort in den Kurs kommen.

2 Wann soll Frau Tulipano anrufen?
a Am Nachmittag. **b** Nächste Woche.
c Vormittags.

3 Was muss Frau Jensen tun?
a Die Geburtsurkunde schicken. **b** In den nächsten Tagen einen Brief schreiben.
c Zum neuen Termin in die Schule gehen.

4 Sie haben gerade ein dringendes technisches Problem. Was sollen Sie machen?
a Bis 17. August warten. **b** Eine E-Mail schicken.
c Sich telefonisch melden.

Hören, Teil 2

Sie hören fünf Ansagen aus dem Radio. Zu jeder Ansage gibt es eine Aufgabe. Welche Lösung (a, b oder c) passt am besten? Markieren Sie Ihre Lösungen für die Aufgaben 5–9 auf dem Antwortbogen.

5 Was für eine Sendung hören Sie?
a Eine Kindersendung. **b** Eine Kochsendung. **c** Eine Reisesendung.

6 Wie wird das Wetter am Nachmittag?
a Ab und zu schneit es. **b** Es wird nicht mehr regnen. **c** Überall scheint die Sonne.

7 Auf der A6
a ist die Straße frei. **b** kann man schlecht sehen. **c** steht man im Stau.

8 Was ist dieses Jahr anders?
a Das Bad öffnet früher. **b** Der Eintritt kostet mehr. **c** Im Herbst ist das Bad länger offen.

9 Das Eltern-Kind-Zentrum
a bekommt einen Teil des Verkaufspreises.
b holt die gebrauchten Sachen ab.
c wirft die schmutzigen Sachen weg.

Hören, Teil 3

Sie hören vier Gespräche. Zu jedem Gespräch gibt es zwei Aufgaben. Entscheiden Sie bei jedem Gespräch, ob die Aussage dazu richtig oder falsch ist und welche Antwort (a, b oder c) am besten passt. Markieren Sie Ihre Lösungen für die Aufgaben 10–17 auf dem Antwortbogen.

Beispiel

Sie hören eine Besprechung zwischen Kollegen.
richtig/falsch?

a Der Mann erzählt von seinen Urlaubserlebnissen
b Die Frau ist neu in der Firma.
c Die Frau stellt Themen vor.

☒ richtig ☐ falsch

☐ a ☐ b ☒ c

10 Der Mann spricht mit der Lehrerin der Kinder.
richtig/falsch?

11 Was soll er tun?

a Die Kinder von der Schule abholen.
b Ein großes Menü kochen.
c Viele Vorlesungen besuchen.

12 Jonathan arbeitet im Supermarkt.
richtig/falsch?

13 Was möchte Jonathan fragen?

a Ob er Sprudelwasser haben darf.
b Ob Frau Ercan etwas aus dem Geschäft braucht.
c Ob Frau Ercan ihm Geld geben kann.

14 Die Frau telefoniert mit einer Sprachschule.
richtig/falsch?

15 Was möchte Frau Hashemian wissen?

a In welchem Raum der Kurs stattfindet.
b Ob jemand ihr Buch gefunden hat.
c Wann der nächste Übungskurs ist.

16 Marisa und Luis sind Freunde.
richtig/falsch?

17 Was fragt Marisa?

a Ob es auch Yogakurse gibt.
b Wie viel die Mitgliedskarte kostet.
c Wo sie sich umziehen kann.

Hören, Teil 4

Sie hören Aussagen zu einem Thema. Welcher der Sätze a–f passt zu den Aussagen 18–20?
Markieren Sie Ihre Lösungen für die Aufgaben 18–20 auf dem Antwortbogen.
Lesen Sie jetzt die Sätze a–f. Dazu haben Sie eine Minute Zeit. Danach hören Sie die Aussagen.

Beispiel

☒	☐	☐	☐	☐	☐
a	b	c	d	e	f

18 ... **19 ...** **20 ...**

a Die Schule muss für eine gesunde Umgebung sorgen.

b Die Schule muss gesundes Essen anbieten.

c Gesund leben lernt man nur zuhause.

d Gesundheitsunterricht macht Kindern keinen Spaß.

e In der Schule kann man gut zum Thema Gesundheit arbeiten.

f Kinder sollen sich auch in der Schule viel bewegen.

Lesen, Teil 1

Sie suchen auf der Internetseite Ihrer Stadt nach Informationen. Lesen Sie die Aufgaben 21–25 und die Internetseite. Wo (a, b oder c) finden Sie die passende Information? Markieren Sie Ihre Lösungen für die Aufgaben 21–25 auf dem Antwortbogen.

Beispiel
Sie möchten wissen, wann der nächste Bus zum Flughafen fährt.
a Download **b** Wirtschaft & Arbeit **c** anderer Menüpunkt

☐	☒	☐
a	b	c

21 Sie möchten gerne Gemüse anpflanzen.
a Gesundheit **b** Kultur & Freizeit **c** Wohnen & Bauen

22 Ihre Freundin möchte Krankenschwester werden.
a Download **b** Gesundheit **c** Wirtschaft & Arbeit

23 Sie möchten ein Geschäft mieten.
a Kultur & Freizeit **b** Wirtschaft & Arbeit **c** Wohnen & Bauen

24 Sie verreisen bald. Sie möchten wissen, welche Medikamente Sie mitnehmen sollen.
a Kultur & Freizeit **b** Verkehr **c** anderer Menüpunkt

25 Ihr Sohn soll in der Schule einen Vortrag über die Stadt halten. Wo findet er Informationen?
a Download **b** Kultur & Freizeit **c** Wohnen & Bauen

www.meine-stadt.de	
Gesundheit	Arztsuche Notrufnummern Krankenhaus-Notaufnahmen Notfall bei Kindern Nacht- und Notdienst-Apotheken Impfservice Gesunde Ernährung Reisemedizin
Verkehr	Fahrpläne des öffentlichen Verkehrs Kurzparkzonen Parkhäuser Autoclubs Prüfstellen für Fahrzeuge Fahrschulen
Kultur & Freizeit	Tourismusbüro Kinos Musik-, Theater- und Tanzbühnen Museen Stadtgeschichte Stadtbibliothek Einkaufen – Geschäfte von A–Z
Wirtschaft & Arbeit	Betriebe und Unternehmen Freie Geschäfts- und Büroräume Stellenangebote/Stellensuche Ausbildung Weiterbildung Gesundheitsberufe
Wohnen & Bauen	Mietwohnungen Wohnungssuche Meldeservice Mietenrechner Kleingärten Baubehörden Baufinanzierungen
Download	Stadtpläne Formulare Parkkarte für Bewohner Parkkarte für Beschäftigte Jahres- und Monatskarten für Bus und Straßenbahn Schülerkarten

Lesen, Teil 2

Lesen Sie die Situationen 26–30 und die Texte a–h. Finden Sie für jede Situation den passenden Text. Markieren Sie Ihre Lösungen für die Aufgaben 26–30 auf dem Antwortbogen. Für eine Aufgabe gibt es keine Lösung. Markieren Sie in diesem Fall ein X.

26 Sie brauchen eine Autoversicherung. Sie sind bei keinem Autoclub.

27 Ihre Familie plant einen Urlaub. Sie möchten sich dafür versichern lassen.

28 Markus studiert. Er möchte sich gegen Unfälle versichern lassen.

29 Sie möchten eine private Rentenversicherung abschließen.

30 Ihr Sohn sucht eine neue Stelle bei einer Versicherung.

a

Pressemitteilung
INSUR Versicherung

Wie der Vorstand mitteilte, wurde Boris Libowski mit großer Mehrheit zum neuen Direktor der INSUR Versicherung gewählt. Der bisherige Direktor Peer Karig geht zum Jahresende in Rente. Er freue sich auf das Privatleben, so Karig. Ab kommendem Jahr übernimmt Libowski seine Aufgaben.

b

DELBI VERSICHERUNG

Wir bilden Versicherungskaufleute aus.
Als Auszubildende/r lernen Sie verschiedene Bereiche kennen.
Theoretischen Unterricht bekommen Sie an der Berufsschule. Zusätzlich bieten wir interne Seminare an. Damit bereiten wir Sie bestens auf die Prüfungen vor.
Nach der Ausbildung bieten wir Ihnen gerne eine feste Anstellung.
Weitere Informationen und ein Bewerbungsformular finden Sie hier.

c

Arbeitsvermittlung FIRST
Sachbearbeiter Kfz-Versicherungen (m/w/d)
Eine bekannte Versicherungsgruppe sucht einen Sachbearbeiter im Bereich Kraftfahrzeuge.

Ihre Aufgaben
- Sie bearbeiten selbständig
- Kfz-Versicherungsverträge
- telefonische & schriftliche Anfragen

Sie haben
- eine abgeschlossene kaufmännische Ausbildung
- mindestens drei Jahre Berufserfahrung
- sehr gute MS-Office-Kenntnisse

Das Gehalt ist branchenüblich und abhängig von Qualifikation und Berufserfahrung.
Bewerben Sie sich hier!

d

Kfz-Versicherungen

Sie möchten optimalen Schutz für Ihr Fahrzeug? Ob Haftpflicht, Teilkasko oder Vollkasko – zahlen Sie für Ihre Versicherung nicht mehr als notwendig! Wir machen Ihnen ein Angebot, das genau zu Ihrem Wagen und Ihren Wünschen passt.

Außerdem bieten wir viele Zusatzleistungen zu Top-Konditionen!

Holen Sie sich noch heute das beste Angebot für Ihre Rundum-Versicherung!

Formular

e

Als DFC-Mitglied haben Sie viele Vorteile. Zum Beispiel können Sie eines unserer aktuellen Angebote nutzen:
- attraktive Rabatte bei **Kfz-Haftpflichtversicherungen** – hohe Versicherungssumme und Aktion für Zweitfahrzeuge
- **Teilkasko:** günstige Versicherungen für Gebrauchtwagen

Hier geht es zum Online-Rechner. Nur für Mitglieder!

DFC – der Autoclub an Ihrer Seite

f

Nützliche Informationen: gesetzliche Krankenversicherung für Studierende

Alle Personen, die in Deutschland wohnen, müssen krankenversichert sein. Das betrifft auch Studierende. Sie haben dazu mehrere Möglichkeiten: Mitversicherung bei den Eltern, die Pflichtversicherung für Studierende oder eine freiwillige Weiterversicherung für Studierende. Außerdem können Studierende sich für eine private Krankenversicherung entscheiden.

>> Info weiterlesen

g

Damit Sie Ihren Urlaub entspannt genießen können, empfiehlt sich eine Reiseversicherung. Ihr **Reiseschutz** umfasst die folgenden Versicherungen:

- Haftpflichtversicherung
- Unfallversicherung
- Mietwagenversicherung
- Verspätungsschutz
- Reisegepäckversicherung
- Stornoversicherung
- Versicherung bei Krankheit

Geltungsbereich der Versicherungen:
Europa oder weltweit.
Wenn Sie viel auf Reisen sind, empfehlen wir unsere günstigen Jahrespakete.
Mehr Informationen bekommen Sie hier.

h

Sie möchten mehr als den gesetzlichen Unfallschutz?

Unser Service
- genauer Leistungsvergleich
- sicherer Schutz bei Studienarbeiten außerhalb der Universität
- Schutz auf privaten Studienfahrten, auch im Ausland

Jetzt Preise vergleichen >>

Private Unfallversicherung für Studenten
- rascher Abschluss online möglich
- Übernahme der Kosten für einen Krankenhausaufenthalt
- Unfallrente

Lesen, Teil 3

Lesen Sie die drei Texte. Zu jedem Text gibt es zwei Aufgaben. Entscheiden Sie bei jedem Text, ob die Aussage richtig oder falsch ist und welche Antwort (a, b oder c) am besten passt. Markieren Sie Ihre Lösungen für die Aufgaben 31–36 auf dem Antwortbogen.

Jugendliche und Lesen

Oft liest man in den Medien, Jugendliche würden sich nicht mehr für Bücher interessieren. In einer neuen Untersuchung haben Fachleute Jugendliche befragt. Sie haben festgestellt, dass fast die Hälfte der Jugendlichen täglich oder mehrere Male in der Woche liest. Damit ist die Zahl der Jugendlichen, die regelmäßig lesen, in den letzten Jahren unverändert geblieben.

Was sich verändert hat, ist die Art zu lesen. Viele Jugendliche greifen nicht mehr zu einem Buch oder einer Zeitung aus Papier, sondern immer öfter zu elektronischen Büchern und Online-Zeitungen. Manche Fachleute sehen darin einen positiven Trend: Auch junge Menschen, die sich sonst wenig für Bücher interessieren, lesen gerne auf einem technischen Gerät. Elektronische Medien könnten also für mehr Leser sorgen.

31 Es gibt immer mehr Jugendliche, die nicht mehr lesen.
richtig/falsch?

32 Junge Menschen
a interessieren sich mehr für Technik als für Bücher.
b lesen heute anders als früher.
c lesen keine Papier-Zeitung mehr.

Liebe Anwohnerinnen und Anwohner,

in der kommenden Woche werden auf der Bahnstrecke zwischen Kleindorf und Reitersbach Wartungsarbeiten an den Gleisen durchgeführt. Um die Arbeiten wie geplant bis Ende der Woche abschließen zu können, wird von Montag bis Freitag auch in der Nacht gearbeitet.

Die Nachtarbeiten dauern von 20.00 Uhr bis 5.00 Uhr.

Durch die Arbeiten kann es zu Staubentwicklung und zu mehr Lärm entlang der Bahnstrecke kommen. Wir bitten Sie, diese Auswirkungen zu entschuldigen.

Nähere Informationen zu den Nachtarbeiten bekommen Sie montags bis donnerstags zwischen 8.00 und 15.00 Uhr unter der Nummer 0045 363738. Fahrplanauskünfte erhalten Sie rund um die Uhr unter www.diebahn.net.

Vielen Dank für Ihr Verständnis!

33 Auf der Bahnstrecke kommt es in der Nacht zu Wartezeiten.
richtig/falsch?

34 Die Nachtarbeiten

a dauern von Montag bis Donnerstag.

b haben keine Folgen für die Anwohner.

c sollen am Wochenende fertig sein.

Sehr geehrte Familie Sousa,

am 12. Juni werden wir in Ihrem Wohnhaus den Stromzähler ablesen. Wir bitten Sie, unserem Mitarbeiter an diesem Tag den Zugang zu Ihrem Zähler zu ermöglichen. Teilen Sie uns bitte mit, wenn dies nicht möglich ist. Wir vereinbaren dann einen kostenlosen Ersatztermin.

Sie haben auch die Möglichkeit, den Stromzähler selbst abzulesen. Auf unserer Internetseite finden Sie eine genaue Anleitung. Vorher ist eine Anmeldung zur Selbstablesung über die Internetseite erforderlich. Sie können sich jährlich per E-Mail an die Ablesung erinnern lassen. Sollten Sie Probleme mit dem Ablesen haben, helfen wir gerne unter der Telefonnummer 0700 454691 weiter.

Mit freundlichen Grüßen

Ihre ENERGIE Gesellschaft

35 Die ENERGIE Gesellschaft will am 12. Juni vorbeikommen.
richtig/falsch?

36 Wenn man den Zähler selbst ablesen möchte, muss man

a anrufen.

b eine Mail schreiben.

c sich online anmelden.

Lesen, Teil 4

Lesen Sie den Text. Entscheiden Sie, ob die Aussagen 37–39 richtig oder falsch sind.
Markieren Sie Ihre Lösungen für die Aufgaben 37–39 auf dem Antwortbogen.

Schnell-Entkalker

Warum entkalken?
Wenn sich Kalk in Geräten wie Wasserkochern oder Kaffeemaschinen ablagert, wird mehr Energie benötigt, um das Wasser zu erhitzen. Dadurch erhöht sich der Stromverbrauch. Langfristig verringert Kalk die Lebensdauer der Geräte und kann sogar einen Totalschaden bewirken. Kalkablagerungen wirken sich außerdem negativ auf die Qualität von Getränken aus.

Beschreibung
Der Kalklöser befreit alle Gegenstände im Haushalt schnell und wirkungsvoll von Kalk. Er schont das Material, ist lebensmittelsicher, geruchsneutral und umweltverträglich.
Im Verbrauchertest wurde das Mittel mit der Höchstnote 1,0 bewertet.

Anwendungsbereich
Das Mittel ist geeignet für sämtliche Gefäße aus Metall, Kunststoff oder Glas, wie zum Beispiel Töpfe, Wasserkocher, Eierkocher, Trinkgläser, Blumentöpfe und Vasen. Im Sanitärbereich wird es eingesetzt für Teile von Wasserhähnen, Duschbrausen und anderen Düsen. Es eignet sich außerdem sehr gut für alle Filterkaffeemaschinen. Für Espresso-Kaffeemaschinen und vollautomatische Kaffeemaschinen empfehlen wir dagegen unser Spezialprodukt.

Sicherheitshinweise
Darf nicht in die Hände von Kindern gelangen: an einem sicheren Ort aufbewahren! Bei Kontakt mit der Haut: mit viel Wasser und Seife abwaschen. Bei Kontakt mit den Augen: einige Minuten lang vorsichtig mit Wasser spülen. Kontaktlinsen nach Möglichkeit entfernen. Falls nötig, einen Arzt kontaktieren.

Gebrauchsanleitung
Gefäße: das Mittel mit Wasser verdünnt oder unverdünnt (abhängig von der Stärke des Kalkbelags) in das Gefäß füllen. Mindestens dreißig Minuten und nicht länger als eine Stunde einwirken lassen. Anschließend das Gefäß sehr gründlich mit kaltem Wasser ausspülen.
Wasserhahnteile usw.: das Mittel unverdünnt in ein passendes Gefäß füllen und das zu entkalkende Teil hineinlegen. Ungefähr eine Viertelstunde einwirken lassen. Anschließend mit kaltem Wasser spülen.
Filterkaffeemaschinen: Bitte beachten Sie dazu die Angaben des Herstellers Ihrer Kaffeemaschine.

Hinweise
In Verbindung mit Metallteilen das Mittel nicht warm anwenden. Metalle müssen säurefest sein. Das Mittel nicht mit anderen Reinigungsprodukten mischen.

37 Beim Test erhielt das Mittel eine sehr gute Note.
richtig/falsch?

38 Das Mittel ist gut für Espressomaschinen geeignet.
richtig/falsch?

39 In Gefäßen muss man das Mittel immer mit Wasser mischen.
richtig/falsch?

Lesen, Teil 5

Lesen Sie den Text und schließen Sie die Lücken 40–45. Welche Lösung (a, b oder c) passt am besten? Markieren Sie Ihre Lösungen für die Aufgaben 40–45 auf dem Antwortbogen.

Frau
Snezana Kos
Kleine Allee 13
01067 Dresden

Dresden, den 11. November 20...

MAHNUNG

Rechnungsnummer RE340991 vom 5. Oktober 20...

Sehr ___0___ Frau Kos,

leider mussten wir feststellen, dass wir zu der ___40___ genannten Rechnung noch keine Zahlung erhalten haben. Sicher haben Sie es nur vergessen. Mit diesem Schreiben schicken wir ___41___ eine Kopie der Rechnung.

Bitte überweisen Sie den offenen Betrag bis ___42___ 25. November auf unser Konto. ___43___ Sie den vollständigen Betrag nicht bis zu diesem Datum überweisen, werden wir Mahnkosten und Zinsen berechnen.

Falls Sie den offenen Betrag in der Zwischenzeit überwiesen haben, ___44___ Sie dieses Schreiben nicht zu beachten.

Bei Fragen können Sie uns ___45___ anrufen.

Mit freundlichen Grüßen
BAROK GmbH

Beispiel

0 **a** geehrte ☒
b gute ☐
c liebe ☐

40 **a** höher
b oben
c unten

41 **a** dir
b Ihnen
c uns

42 **a** frühestens
b schnellstens
c spätestens

43 **a** Damit
b Weil
c Wenn

44 **a** brauchen
b können
c müssen

45 **a** gerne
b manchmal
c oft

Schreiben

Wählen Sie Aufgabe A ***oder*** Aufgabe B. Zeigen Sie, was Sie können. Schreiben Sie möglichst viel. Schreiben Sie Ihren Text auf den Antwortbogen.

Aufgabe A

Ihr Sohn hatte einen Unfall. Er darf nicht am Sportunterricht teilnehmen. Schreiben Sie eine Entschuldigung für die Sportlehrerin, Elke Treber.

Schreiben Sie etwas zu folgenden Punkten:

- Grund für Ihr Schreiben
- Was passiert ist
- Wie lange?
- Arzt

oder

Aufgabe B

Die Fenster in Ihrer Wohnung sind schlecht. Deshalb schreiben Sie einen Brief an Ihren Vermieter.

Schreiben Sie etwas zu folgenden Punkten:

- Grund für Ihr Schreiben
- Lärm
- Temperatur
- Reparatur

Sprechen, Teil 1

Über sich sprechen

Teilnehmer/in A und B

Name

Geburtsort

Wohnort

Arbeit/Beruf

Familie

Sprachen

Das sagt der Prüfer oder die Prüferin:

– *Würden Sie sich bitte vorstellen?*

– *Erzählen Sie bitte etwas über sich.*

Sprechen, Teil 2

Über Erfahrungen sprechen

Teilnehmer/in A

Das sagt der Prüfer oder die Prüferin:

Teil 2 A

Sie haben in einer Zeitschrift ein Foto gefunden. Berichten Sie Ihrer Gesprächspartnerin oder Ihrem Gesprächspartner kurz:
– Was sehen Sie auf dem Foto?
– Was für eine Situation zeigt dieses Bild?

Teil 2 B

Erzählen Sie bitte: Welche Erfahrungen haben Sie damit?

Prüferfragen Stufe A2

- *Gehen Sie manchmal mit Ihren Kindern (Kindern, die Sie kennen) zum Spielplatz?*
- *Spielen Ihre Kinder (Kinder, die Sie kennen) auf dem Spielplatz?*
- *Wo spielen Ihre Kinder (Kinder, die Sie kennen) mit anderen Kindern?*
- *Gibt es in Ihrer Nähe einen Spielplatz?*
- *Wo/Was haben Sie als Kind gespielt?*

Prüferfragen Stufe B1

- *Was finden Sie gut an Spielplätzen?*
- *Hat ein Spielplatz auch Vorteile für Eltern?*
- *Finden Sie, dass Spielen wichtig ist? Warum (nicht)?*
- *Spielen Sie selbst mit Kindern? Was spielen Sie?*

Sprechen, Teil 2

Über Erfahrungen sprechen

Teilnehmer/in B

Das sagt der Prüfer oder die Prüferin:

Teil 2 A

Sie haben in einer Zeitschrift ein Foto gefunden. Berichten Sie Ihrer Gesprächspartnerin oder Ihrem Gesprächspartner kurz:
– Was sehen Sie auf dem Foto?
– Was für eine Situation zeigt dieses Bild?

Teil 2 B

Erzählen Sie bitte: Welche Erfahrungen haben Sie damit?

Prüferfragen Stufe A2

- *Gehen Sie manchmal mit Ihren Kindern (Kindern, die Sie kennen) zum Spielplatz?*
- *Spielen Ihre Kinder (Kinder, die Sie kennen) auf dem Spielplatz?*
- *Wo spielen Ihre Kinder (Kinder, die Sie kennen) mit anderen Kindern?*
- *Gibt es in Ihrer Nähe einen Spielplatz?*
- *Wo/Was haben Sie als Kind gespielt?*

Prüferfragen Stufe B1

- *Was finden Sie gut an Spielplätzen?*
- *Hat ein Spielplatz auch Vorteile für Eltern?*
- *Finden Sie, dass Spielen wichtig ist? Warum (nicht)?*
- *Spielen Sie selbst mit Kindern? Was spielen Sie?*

Sprechen, Teil 3

Gemeinsam etwas planen

Teilnehmer/in A und B

Situation:
Sie und Ihre Partnerin/Ihr Partner möchten gemeinsam einen Kurs an der Volkshochschule besuchen.

Aufgabe:
Planen Sie, was Sie tun möchten. Hier sind einige Ideen:

- *Welcher Kurs (Sprachen, Musik, Sport ...)?*
- *Wann und wie lange (Tag, Uhrzeit, Dauer)?*
- *Kosten?*
- *Wie zur Volkshochschule kommen (Bus, Bahn, Auto ...)?*
- *Anmeldung (wer, wann)?*
- *...?*

Schriftliche Prüfung

1 Hören

Teil 1

Nr.	a	b	c
1	☐	☐	☐
2	☐	☐	☐
3	☐	☐	☐
4	☐	☐	☐

Teil 2

Nr.	a	b	c
5	☐	☐	☐
6	☐	☐	☐
7	☐	☐	☐
8	☐	☐	☐
9	☐	☐	☐

Teil 3

Nr.	richtig	falsch	
10	☐	☐	

Nr.	a	b	c
11	☐	☐	☐

Nr.	richtig	falsch	
12	☐	☐	13

Nr.	a	b	c
13	☐	☐	☐

Nr.	richtig	falsch
14	☐	☐

Nr.	a	b	c
15	☐	☐	☐

Nr.	richtig	falsch
16	☐	☐

Nr.	a	b	c
17	☐	☐	☐

Teil 4

Nr.	a	b	c	d	e	f
18	☐	☐	☐	☐	☐	☐
19	☐	☐	☐	☐	☐	☐
20	☐	☐	☐	☐	☐	☐

2 Lesen

Teil 1

Nr.	a	b	c
21	☐	☐	☐
22	☐	☐	☐
23	☐	☐	☐
24	☐	☐	☐
25	☐	☐	☐

Teil 2

Nr.	a	b	c	d	e	f	g	h	x
26	☐	☐	☐	☐	☐	☐	☐	☐	☐
27	☐	☐	☐	☐	☐	☐	☐	☐	☐
28	☐	☐	☐	☐	☐	☐	☐	☐	☐
29	☐	☐	☐	☐	☐	☐	☐	☐	☐
30	☐	☐	☐	☐	☐	☐	☐	☐	☐

Teil 3

Nr.	richtig	falsch
31	☐	☐

Nr.	a	b	c
32	☐	☐	☐

Nr.	richtig	falsch
33	☐	☐

Nr.	a	b	c
34	☐	☐	☐

Nr.	richtig	falsch
35	☐	☐

Nr.	a	b	c
36	☐	☐	☐

Teil 4

Nr.	richtig	falsch
37	☐	☐
38	☐	☐
39	☐	☐

Teil 5

Nr.	a	b	c
40	☐	☐	☐
41	☐	☐	☐
42	☐	☐	☐
43	☐	☐	☐
44	☐	☐	☐
45	☐	☐	☐

3 Schreiben

Welche Aufgabe haben Sie bearbeitet? ☐ A ☐ B

1 Pronomen

Die Indefinitpronomen *irgend-*, *jemand-*, *niemand*

irgend-
irgendwelche, irgendwann, irgendwo, irgendwie, irgendwer, irgendwas

niemand* und *jemand

Wer? Nominativ	Wen? Akkusativ	Wem? Dativ
niemand	niemanden	niemandem
jemand	jemanden	jemandem

2 Verben

Das Verb *lassen*

	lassen
ich	lasse
du	**lä**sst
er/sie/es	**lä**sst
wir	lassen
ihr	lasst
sie/Sie	lassen

Ich **lasse** die Fotokopie **beglaubigen**.

Ich **muss** die Fotokopie beglaubigen **lassen**.

Das Verb *brauchen*

***brauchen* + Akkusativ**	Wir **brauchen** einen Handwerker.
	Ich **brauche** die Unterlagen morgen früh.
***nicht brauchen* + *zu* + Infinitiv**	Sie **brauchen** den Brief **nicht zu** unterschreiben.
***nur brauchen* + *zu* + Infinitiv**	Sie **brauchen** den Brief **nur** aus**zu**drucken.
***brauchen* + *kein/keine/keinen* + *zu* + Infinitiv**	Sie **brauchen keine** Kündigung **zu** schreiben.

Verben mit Präpositionen

Mit Dativ:	Mit Akkusativ:
sich bedanken **bei**	achten **auf**
sich bewerben **bei**	sich ärgern **über**
diskutieren **mit**	sich bedanken **für**
sich entschuldigen **bei**	sich bewerben **um**
helfen **bei**	denken **an**
sprechen **mit**	diskutieren **über**
träumen **von**	sich entschuldigen **für**
sich treffen **mit**	sich freuen **auf**
sich verabreden **mit**	sich interessieren **für**
	warten **auf**

Der Konjunktiv II

	haben	sein
ich	hätte	wäre
du	hättest	wärst
er/sie/es	hätte	wäre
wir	hätten	wären
ihr	hättet	wärt
sie/Sie	hätten	wären

werden	können	müssen	
würde	könnte	müsste	+ Infinitiv
würdest	könntest	müsstest	
würde	könnte	müsste	
würden	könnten	müssten	
würdet	könntet	müsstet	
würden	könnten	müssten	

Ratschläge:	Du	solltest	den Kunden noch einmal	**anrufen**.
Vorschläge:	Wir	könnten	bis Bonn	**fahren**.
Höfliche Bitte:		Würden	Sie mir bitte	**helfen**?
		Könnten	Sie am Samstag	**arbeiten**?
Wunsch:		Hättest	du gerne eine Arbeit im Büro?	
	Ich	wäre	gerne Bürokauffrau.	

Konjunktiv II - Irreale Bedingungssätze

Nebensatz				Hauptsatz				
Wenn	ich	mehr Geld	hätte,	(dann)	könnte	ich	den Drucker	**kaufen**.
Wenn	ich		könnte,	(dann)	würde	ich	dir	**helfen**.
Wenn	heute	Sonntag	wäre,	(dann)	müsste	ich	nicht zur Arbeit	**gehen**.
Wenn	ich	es	wüsste,	(dann)	würde	ich	es dir	**sagen**.

Konjunktiv II der Vergangenheit

sein/haben im Konjunktiv II + Partizip II

Wäre ich doch viel früher Vegetarierin **geworden**.

Ich hätte nicht **gedacht**, dass in Fertiggerichten so viele Zusatzstoffe enthalten sind.

	haben	+ Partizip II	sein	+ Partizip II
ich	hatte		war	
du	hattest		warst	
er/sie/es	hatte	getrunken	war	passiert
wir	hatten	geparkt	waren	gefahren
ihr	hattet		wart	
sie/Sie	hatten		waren	

Plusquamperfekt

Ereignis 1 (Plusquamperfekt)	Ereignis 2 (Präteritum)
Der Fahrer hatte Alkohol getrunken.	Deshalb **passierte** der Unfall.
Der Unfall war schon passiert,	als ich **ankam**.

Ein Ereignis (Plusquamperfekt) findet vor einem anderen Ereignis (Präteritum/Perfekt) in der Vergangenheit statt.

3 Adjektive und Adverbien

Präpositionaladverbien

Fragewort	Präpositionaladverbien	Präposition
Wo**für**	da**für**	**für**
Wo**mit**	da**mit**	**mit**
Wo**rauf**	da**rauf**	**auf**
Wo**rüber**	da**rüber**	**über**
Wo**raus**	da**raus**	**aus**
Wo**von**	da**von**	**von**
Wo**ran**	da**ran**	**an**
Wo**rum**	da**rum**	**um**

Folgt eine Präposition mit Vokal oder Umlaut am Anfang (*auf, über, aus, an, um*) wird ein **r** eingefügt.

Partizip II als Adjektiv

	Singular			Plural
	maskulin	feminin	neutral	
Nominativ	**ein** gestohlen<u>er</u> Computer	**eine** gestohlen<u>e</u> Tasche	**ein** gestohlen<u>es</u> Auto	gestohlen<u>e</u> Autos
Akkusativ	**einen** gestohlen<u>en</u> Computer	**eine** gestohlen<u>e</u> Tasche	**ein** gestohlen<u>es</u> Auto	gestohlen<u>e</u> Autos
Dativ	**einem** gestohlen<u>en</u> Computer	**einer** gestohlen<u>en</u> Tasche	**einem** gestohlen<u>en</u> Auto	gestohlen<u>en</u> Autos

4 Satzbau

Nebensätze mit *als* und *wenn*

als

Als ich nach Deutschland kam, **war** ich 24.

Ich **war** 24, als ich nach Deutschland kam.

wenn

Wenn ich im Deutschkurs bin, **spreche** ich Deutsch.

Ich **spreche** Deutsch, wenn ich im Deutschkurs bin.

Sätze mit *bevor, nachdem, während, seitdem* verbinden

Olli **duschte**. (8 Uhr) erst Handlung 1 fertig →	Olli **putzte** sich die Zähne. (8:10 Uhr) danach Handlung 2
Olli **duschte**,	bevor er sich die Zähne putzte.
Nachdem Olli geduscht hatte,	**putzte** er sich die Zähne.
Olli **frühstückte**. (8:30 Uhr) Während Olli frühstückte, Es **klingelte**,	Es **klingelte**. (8:30 Uhr) **klingelte** es. während Olli frühstückte.

zur gleichen Zeit = gleichzeitig

Rabia **ist** in Deutschland. bestimmter Zeitpunkt →	Sie **spricht** jeden Tag Deutsch. ab dann in die Zukunft
Seitdem Rabia in Deutschland ist,	**spricht** sie jeden Tag Deutsch.

Nebensätze mit *indem*

Wir **schonen** die Umwelt, indem wir Energie sparen.

Man **kann** Strom sparen, indem man Energiesparlampen verwendet.

Man kann die Sätze auch umdrehen:

Indem wir Energie sparen, **schonen** wir die Umwelt.

Zweiteilige Konjunktionen *je ... desto* und *umso*

Ich liebe Sportwagen: **je** schneller, **desto** besser.

Je schneller du fährst, umso/desto größer **ist** das Unfallrisiko.

umso = desto

Indirekte Fragen

Indirekte W-Fragen

Direkte Frage:	**Wo** finde ich Zimmer 14?
Indirekte Frage:	Wissen Sie, **wo** ich Zimmer 14 finde?
Direkte Frage:	Welche Unterlagen brauche ich?
Indirekte Frage:	Können Sie mir sagen, **welche** Unterlagen ich brauche?

Indirekte Fragen mit *ob*

Direkte Frage:	Wird meine Berufsausbildung in Deutschland anerkannt?
Indirekte Frage:	Wissen Sie, **ob** meine Berufsausbildung in Deutschland anerkannt wird?

Lektion 7

Die neue Heimat

Als ich in Deutschland ankam, ...
... war alles fremd für mich.
... sprach ich noch kein Wort Deutsch.

Er fühlt sich ...
... sehr wohl in Deutschland.
... jetzt hier zu Hause.

Deutschland ist für mich ein Stück Heimat geworden.

In Deutschland hat er viel mehr Freiheiten.

Hier kann er so leben, wie er will.

Ihr gefällt, dass sie sagen kann, was sie denkt.

Für sie ist das hier ein gutes Leben.

Ihre Kinder können hier in Frieden leben.

In einem neuen Land hat man viele Träume und Hoffnungen.

Sie hat Heimweh nach ...

Er vermisst die Natur in seinem Land.

In Deutschland fehlen mir meine Eltern und Geschwister.

Hier muss man jede Menge Papierkram erledigen.

Gefühle ausdrücken

Ich bin froh, dass meine Träume wahr geworden sind.

Er freut sich über die neue Stelle.

Sie ist enttäuscht von der Arbeit.

Er ist enttäuscht, dass er immer noch keine Arbeit hat.

Ich finde es schade, dass ich noch keine deutschen Freunde gefunden habe.

Sie hat sich viele Dinge einfacher vorgestellt.

Ich weiß nicht, wie es weitergehen soll.

Auf dem Amt

Ich möchte ...
... einen Antrag auf Wohngeld stellen.
... ein Auto an-/abmelden.
... zur Familienkasse gehen.

Ich möchte einen Ausweis/die Aufenthaltserlaubnis/Kindergeld beantragen.

Habe ich das Formular richtig ausgefüllt?

Wo muss ich den Antrag unterschreiben?

Welche Unterlagen muss er einreichen?

Er muss sich noch beim Einwohneramt anmelden.

Sie muss beim Jobcenter nach dem zuständigen Sachbearbeiter fragen.

Kommunikation mit Behörden

Guten Tag, wo kann ich bitte ...
... einen Antrag auf ... genehmigen lassen?
... meinen Pass verlängern lassen?
... meine Ausbildung anerkennen lassen?
... eine Fotokopie beglaubigen lassen?
... meine Teilnahme bescheinigen lassen?
... ein Führungszeugnis ausstellen lassen?

Für die Anerkennung muss ich ...
... mein Zeugnis übersetzen lassen.
... eine Übersetzung dieses Briefs anfertigen lassen.

Kann ich Ihnen die Unterlagen zusenden?

Ich würde gerne meine Unterlagen persönlich vorbeibringen/abholen.

Termine

Könnten Sie sich einen Termin geben lassen?

Können wir einen Termin für eine Beratung ausmachen/vereinbaren?

Könnten Sie diesen Termin bitte bestätigen?

Es tut mir leid, ich muss unseren Termin verschieben/absagen.

Lektion 8

Berufswünsche

Ich würde gerne eine passende Stelle finden.

In meinem Job möchte ich Kontakt zu Kollegen haben.

Bei der Arbeit möchte ich nicht allein auf mich gestellt sein.

Eine geregelte Arbeitszeit ist mir wichtig.

Er möchte finanziell nicht von seinen Eltern abhängig sein.

Sie muss noch im Berufsleben Fuß fassen.

Stellenanzeigen

Wir suchen zum nächstmöglichen Zeitpunkt eine/n ...

Zu Ihren Aufgaben gehört ...
... die Annahme von eingehenden Anrufen.
... die Weiterleitung an interne Ansprechpartner.
... die Verwaltung des Terminkalenders.
... die Belegung des Konferenzraums.
... der Empfang von Kunden zu Besprechungen.
... die Bestellung des Büromaterials.
... die Erstellung von Monats-, Quartals- und Jahresabschlüssen.

Für diesen Job benötigen Sie eine abgeschlossene Ausbildung oder einen vergleichbaren Abschluss.

Vorausgesetzt wird ...
... eine selbstständige Arbeitsweise.
... eine eigenverantwortliche Arbeitsstruktur.

Wir bieten ...
... einen abwechslungsreichen Arbeitsplatz.
... eine leistungsgerechte Bezahlung.
... eine flexible Arbeitszeit.

Geben Sie Ihre Gehaltsvorstellung an.

Bitte nennen Sie den möglichen Eintrittstermin.

Bewerbungsschreiben

Mit großem Interesse habe ich ... gelesen.

Ich interessiere mich für die Stelle als ...

Ich möchte mich für die Stelle als ... bewerben.

Wie Sie meinem Lebenslauf entnehmen können, ...

Ich konnte bereits Erfahrungen bei der Arbeit als ... sammeln.

Zu meinen Tätigkeiten gehörte ...

Ich hatte bereits einen guten Einblick in ...

Ich spreche Deutsch fließend in Wort und Schrift.

Die angebotene Stelle wäre für mich ...

Ich würde gerne in meinem Beruf als ... arbeiten.

Meine Tätigkeiten als ... entsprechen dem von Ihnen geforderten Profil.

Über die Einladung zu einem persönlichen Gespräch würde ich mich freuen.

Telefonisch nach einer Stelle fragen

Ich rufe an wegen Ihrer Anzeige ...

Ist die Stelle noch frei?

Wie sind die Arbeitszeiten?

Wie lange ist die Mittagspause?

Wie ist die Bezahlung?

Wie sieht es mit der Probezeit aus?

Bekomme ich einen unbefristeten Vertrag?

Wie viele Urlaubstage hätte ich?

Gibt es flexiblen Urlaub?

Ist die Vergütung festgelegt?

Wann könnte ich vorbeikommen?

Wann kann ich mich persönlich vorstellen?

Qualifikation

Sie möchte eine Ausbildung machen als ...

Er macht gerade seinen Abschluss als ...

Wir möchten einen Kurs in ... besuchen.

Er will eine Umschulung machen zum ...

Sie möchte sich in Weiterbildungen spezialisieren auf ...

Er macht eine Fortbildung als ...

Sie schreibt sich zu einem weiterführenden Abendkurs ein.

Lektion 9

Besprechung bei der Arbeit

Bitte machen Sie sich Gedanken über das Thema ...

Machen Sie Vorschläge zu diesem Thema.

Sammeln Sie Ideen, wie wir ...

Überlegen Sie, was man tun kann, um ... zu ...

Sprechen Sie mit den Kollegen über das Thema ...

Besprechen Sie mit Ihren Kollegen, wie man ...

Aktiver Umweltschutz

Man kann die Umwelt schonen, indem man ...
... die Energiekosten senkt.
... auf den Stromverbrauch achtet.
... den Energiesparmodus einschaltet.
... den Monitor richtig ausschaltet.
... umweltfreundliche/energiesparende Geräte kauft.
... auf große Mengen Papier verzichtet.
... Texte am Bildschirm liest.
... Recyclingpapier bestellt.

Zeitangaben

Sie braucht die Unterlagen (gleich heute Nachmittag).

... muss (heute) noch abgeschickt werden.

Ich mache das gleich (morgen).

Ich kümmere mich (heute) darum.

Das hat Zeit bis (nächsten Montag).

Mit dieser Aufgabe brauche ich mich nicht zu beeilen.

Dazu brauche ich etwa ... (Stunden).

Das schaffe ich (heute) nicht.

Er kann ... voraussichtlich erst in ... (Wochen) reparieren.

Kündigung eines Vertrags

Leider müssen wir die Zusammenarbeit mit Ihnen beenden.

Der Vertrag wurde aus geschäftlichen Gründen gekündigt.

Ich kündige mein Abonnement zum nächstmöglichen Zeitpunkt.

Bitte bestätigen Sie die Kündigung schriftlich.

Denken Sie bitte daran, uns die Schlüssel/Unterlagen zu übergeben.

Wir danken Ihnen für die gute Zusammenarbeit.

Ich bitte um Verständnis für diese Entscheidung.

Angebote und Anbieter prüfen

Bekommen ich eine Preisliste von Ihnen?

Vergleichen Sie die Angebote der verschiedenen Anbieter.

Informieren Sie sich, ob es einen günstigeren Anbieter gibt.

Recherchieren Sie im Internet, wie der Anbieter bewertet wird.

Beachten Sie die Kündigungsfristen in Ihrem alten Vertrag.

Prüfen Sie die Vertragsbedingungen.

Wie lange ist die Vertragslaufzeit?

Lektion 10

Gesunde Ernährung

Er legt Wert auf eine gesunde Ernährung.

Man sollte auf eine ausgewogene Ernährung achten.

Er achtet darauf, sich nicht einseitig zu ernähren.

Wichtig ist, dass man ausreichend mit allen Nährstoffen versorgt ist.

Stellen Sie sicher, dass Sie genügend ... zu sich nehmen.

... sollte nur einen kleinen Teil der Ernährung ausmachen.

Bei Fertiggerichten nimmt man eine Menge Zusatzstoffe zu sich.

Der Verzehr von ... ist nicht gesund.

Gesunde Ernährung und Arbeit sind schwer vereinbar.

Essgewohnheiten

Fleisch zu essen findet sie moralisch bedenklich.

Sie ist überzeugte Vegetarierin.

Als Vegetarierin ...
... verzichte ich auf Fleisch.
... vermeide ich tierische Produkte.

Er ernährt sich ausschließlich vegan.

Vegane Ernährung, das wäre nichts für mich!

Er mag ... ganz gerne.

Ich könnte auf ... nicht verzichten.

... steht bei ihr ganz oben auf dem Speiseplan.

Er hat sich angewöhnt, viel ... zu essen.

Ich möchte nicht jeden Tag ... essen.

... zu essen bin ich von zu Hause gewohnt.

Essen ist für sie Nebensache.

Es ist so einfach, unterwegs schnell etwas zu essen.

Fertiggerichte sind halt so praktisch!

Von Fertiggerichten halte ich nichts.

Sie liebt es, beim Fernsehen/Surfen im Internet zu naschen.

Manchmal überkommt es mich und dann esse ich eine Currywurst.

Meinen Milchkaffee kann mir niemand nehmen!

Gesundheitliche Probleme

Leider vertrage ich keine/n ...

Er hat ein Problem mit ...

Die ganze Familie ist allergisch gegen ...

Qualität von Lebensmitteln

Sie kauft nur ...
... Bioprodukte.
... Nahrungsmittel aus biologischem Anbau.

Beim Kochen achtet sie auf frische Zutaten.

Industriell hergestellte Lebensmittel sind nicht sehr gesund.

Fertiggerichte enthalten viele Zusatzstoffe.

Sie kauft nur glutenfreie Lebensmittel.

Umfrageergebnisse

... % der Befragten/Deutschen legen Wert auf ...

Durchschnittlich die Hälfte/ein Drittel der Bevölkerung isst regelmäßig ...

... von ... Deutschen kochen täglich frisch.

Bei den unter/über ...-jährigen isst jeder Zweite/Dritte ...

Erwachsene über ... (Jahren) essen im Durchschnitt ...

Lektion 11

Versicherungskonditionen

Kann ich diese Versicherung auch online abschließen?

Können Sie mir verschiedene Tarife zusammenstellen?

Sie lässt den Beitrag für ihre Versicherung berechnen.

Ich möchte den besten Versicherungsschutz bekommen.

Dieser Tarif bietet Ihnen einen größeren Versicherungsschutz.

Mit diesen Konditionen sind Sie auf der sicheren Seite.

Diese Versicherung deckt folgende Schäden ab: ...

Damit sind Sie versichert gegen ...
... Sach- und Personenschäden.
... Schäden, die einem Dritten entstehen.

Die Versicherung muss für einen Schaden aufkommen.

Die Kosten für die ärztliche Behandlung werden übernommen.

Ohne Versicherung kann es im Schadensfall sehr teuer werden.

Kfz-Versicherung

Die Versicherung zahlt für Schäden an anderen Fahrzeugen.

Er hat einen Neuwagen gekauft.

Sie muss das Auto noch zulassen.

Die Kfz-Haftpflichtversicherung ist gesetzlich vorgeschrieben.

Das Fahrzeug wird geschäftlich/privat genutzt.

Er wird voraussichtlich ... Kilometer im Jahr fahren.

Ich habe für das Auto einen eigenen Stellplatz.

Unfälle

Er hat einen Unfall verursacht.

Das Auto wurde durch einen LKW beschädigt.

Sie ist ...
... mit einem anderen Auto/einem Fahrrad zusammengestoßen.
... bei Rot über eine Ampel gefahren.
... mit quietschenden Reifen aus der Parklücke gefahren.
... mit ihrem Auto gegen eine Mauer gekracht.

Er hat beim Ausparken ein anderes Auto angefahren.

Sie fährt immer sehr vorsichtig.

Das Auto war am Straßenrand geparkt.

Ein Stein ist auf der Windschutzscheibe gelandet.

Unfallmeldung

Ich möchte einen Unfall melden.

Es sind ... Fahrzeuge am Unfall beteiligt.

Es gibt ... Verletzte.

Die verletzte Person ...
... kann sich schlecht bewegen.
... wird ins Krankenhaus gebracht.

Bitte bleiben Sie am Unfallort.

Der Fahrer wurde durch die Polizei festgenommen.

Kommunikation mit der Versicherung

Meine Versicherung wird sich um die Regulierung des Schadens kümmern.

Die Versicherung wird sich mit Ihnen in Verbindung setzen.

Bitte machen Sie eine Unfallskizze.

Bildquellen

Cover: Jan Kocovski/telc gGmbH; **U2** Artalis-Kartographie/fotolia.com; **S. 4** Jan Kocovski/telc gGmbH; **S. 7** großes Foto: Jan Kocovski/telc gGmbH; untere Reihe: Mykola Komarovskyy/fotolia.com; kristina rütten/fotolia.com; ARochau/fotolia.com; **S. 8** yamix/fotolia.com; Hogan Imaging/fotolia.com; Jan Kocovski/telc gGmbH; **S. 10** Arpad Nagy-Bagoly/fotolia.com; **S. 11** Andrey Popov/fotolia.com; Pixelot/fotolia.com; **S. 12** Björn Wylezich/fotolia.com; **S. 15** großes Foto: Jan Kocovski/telc gGmbH; untere Reihe: BillionPhotos.com/fotolia.com; Production Perig/fotolia.com; Rido/fotolia.com; **S. 16** Kondor83/fotolia.com; arthito/fotolia.com; TELCOM-PHOTOGRAPHY/fotolia.com; sunnychicka/fotolia.com; **S. 17** Brad Pict/fotolia.com; **S. 18** Jan Kocovski/telc gGmbH; **S. 19** Björn Wylezich/fotolia.com; **S. 21** Jan Kocovski/telc gGmbH; **S. 23** großes Foto: Jan Kocovski/telc gGmbH; untere Reihe: Rido/fotolia.com; eyeQ/fotolia.com; Gina Sanders/fotolia.com; **S. 24** Kurhan/fotolia.com; Zerbor/fotolia.com; **S. 25** Ramona Heim/fotolia.com; by-studio/fotolia.com; fotohansel/fotolia.com; Dan Race/fotolia.com; Gina Sanders/fotolia.com; Artusius/fotolia.com; **S. 26** Peter Atkins/fotolia.com; **S. 27** veneratio/fotolia.com; Picture-Factory/fotolia.com; Jeanette Dietl/fotolia.com; contrastwerkstatt/fotolia.com; **S. 28** Robert Kneschke/fotolia.com; **S. 31** großes Foto: Jan Kocovski/telc gGmbH; untere Reihe: Sonja Birkelbach/fotolia.com; countrypixel/fotolia.com; Jag_cz/fotolia.com; **S. 32** rdnzl/fotolia.com; chudo2307/fotolia.com; Martin Rettenberger/fotolia.com; RioPatuca Images/fotolia.com; VRD/fotolia.com; **S. 33** Fiedels/fotolia.com; **S. 34** Okea/fotolia.com; **S. 35** Jan Kocovski/telc gGmbH; denio109/fotolia.com; **S. 36** ExQuisine/fotolia.com; Mariusz Blach/fotolia.com; **S. 37** bluedesign/fotolia.com; akf/fotolia.com; **S. 39** großes Foto: Jan Kocovski/telc gGmbH; untere Reihe: DOC RABE Media/fotolia.com; W.Scott/fotolia.com; Gina Sanders/fotolia.com; **S. 40** grafikplusfoto/fotolia.com; **S. 41** animaflora/fotolia.com; **S. 42** Rawpixel.com/fotolia.com; tournee/fotolia.com; Vladimir Kramin/fotolia.com; benjamin sibuet/fotolia.com; **S. 43** forkART Photography/fotolia.com; **S. 44** olly/fotolia.com; **S. 45** olly/fotolia.com; Jan Kocovski/telc gGmbH; **S. 48** Frank Widmann/telc gGmbH; **S. 52** Frank Widmann/telc gGmbH; **S. 54** Frank Widmann/telc gGmbH; **S. 55** Minerva Studio/fotolia.com; Igor Mojzes/fotolia.com; **S. 87** olly/fotolia.com; A_Lein/fotolia.com; **S. 93** eyetronic/fotolia.com; oxie99/fotolia.com; highwaystarz/fotolia.com; **S. 121** Sven Lüders/MEV Verlag GmbH; **S. 122** Witschel Mike/MEV Verlag GmbH; **U4** Jan Kocovski/telc gGmbH